JN026221

大人の 英語発音講座

【新装復刊】

清水あつ子　斎藤弘子
Shimizu Atsuko　Saito Hiroko

髙木直之　小林篤志　牧野武彦
Takagi Naoyuki　Kobayashi Atsushi　Makino Takehiko

内田洋子　杉本淳子　平山真奈美
Uchida Yoko　Sugimoto Junko　Hirayama Manami

研究社

大人の英語発音講座〈新装復刊〉

PRINTED IN JAPAN

新装復刊によせて

　本書は、今からちょうど20年前の2003年に、NHK出版の「生活人新書」として刊行された本の新装復刊版です。「生活人新書」シリーズはその後終了となり、2021年には『大人の英語発音講座』は「品切れ」（つまり、絶版）となりました。

　しかし、英語の発音に関する科学的な事実が平易なことばで説明され、読者がそのまま実践に移すことができるように書かれたこの本の内容は、古くなるどころかむしろますます必要とされる情報ということもあり、復刊を望む声があがりました。

　ご存じのとおり、英語教育の現場ではリーディングやライティングだけでなくリスニングとスピーキングも含めた4つの技能を身につけることが必須とされ、各種の英語検定試験や入学試験では英語を聞き取ったり話したりする力も評価の対象に加わりました。その際に必要なのは、英語の発音の規則を知り、通じる英語の発音を身につけることですが、この本にはまさにそのための情報が詰まっています。

　また、音声をダウンロードして実例を聞くことができるように、音声データや役に立つインターネットサイトへのリンクを掲載したのは、このたびの新装復刊版の一番の特徴です。ぜひ、ご利用いただきたいと願っています。

　このようなかたちで『大人の英語発音講座』を蘇らせることができたのは、刊行を引き受けてくださった研究社のおかげで、たいへん感謝しています。

　初版のあとがきにもあるように、元々この本は著者らを音声学という学問分野へと誘ってくださった恩師竹林滋の喜寿を祝って書かれたものでした。その恩師はすでに亡く、しかし教え子たちは今もまだ英語音声学の研究と教育に携わっています。初版のとき同様、今回もまた著者どうし互いの原稿を読み、意見交換をして細部のアップデートを行いましたが、その折には編集部の星野龍さんと金子靖さんにお世話になりました。ありがとうございました。

2023年3月

著者を代表して
斎藤弘子

目次 *contents*

◆

⬇ ダウンロード音声について

　本書の音声は研究社のホームページ（www.kenkyusha.co.jp）から、以下の手順で無料ダウンロードできます（MP3 データ）。

❶ 研究社ホームページのトップページで「音声・各種資料ダウンロード」をクリックして「音声・各種資料ダウンロード」のページに移動してください。

❷ 移動したページの「大人の英語発音講座〈新装復刊〉」の欄にある「ダウンロード」ボタンをクリックして、以下のユーザー名とパスワードを入力してください。

　　ユーザー名： **EnglishPronunciation**
　　パスワード： **EnglishPronunciation 2023**

❸ ログインボタンを押すと、ファイルのダウンロードが始まります。ダウンロード完了後、展開してご利用ください。

　本書に ⬇ DOWNLOAD と記されているページの音声が収録されています。

慣れるだけでは聞き取れない、通じない

斎藤弘子
Saito Hiroko

📖 この英語、正しく言えますか？聞き取れますか？

この本を手に取った読者のみなさんなら、

Can you tell me how to get to the stadium?

という英文を見て意味の分からない方はいないでしょう。この文はいずれも簡単な単語で成り立っています。stadium は、例えば中学校で必修の語彙というわけではありませんが、日本語でも「スタジアム」と言いますから、見当はつきます。

しかし、これを「キャン ユー テル ミー ハウ トゥー ゲット トゥー ザ スタジアム？」と発音しても、まず通じません。

また、文字で書いたものを見せられれば難なく理解できたのに、この文を英語話者に普通の速度で言われたら、さっぱり聞き取れないかもしれません。

どうしてなのでしょう？

原因はいくつかあります。英語は、単語ごとにスペースで区切って、いわば「分かち書き」式に書いてありますが、発音するときは単語をひとつひとつ区切ったりしない、ということがあります。また、英語のリズムは日本語のリズムとかなり違いますから、日本語式のリズムで発音しても通じにくいのです。

この２つの大きな違いに付随して、英語と日本語の間には細かなズレがいくつも生じます。それが蓄積すると「通じない」「聞き取れない」ということが起こるのです。

もう少し詳しく見てみましょう。can は、「キャン」と発音すると、場合によっては can't と、否定の形に聞こえてしまい、「教えられないの？！」と、相手を挑発しているように思われる危険があります。Can と you をつなげて発音するとして、ただ素早く「キャンユー」と言っても、英語的にはなりません。

つなげ方ということでは、get to も「ゲットトゥー」のような発音ではまったく違う語句に聞こえます。

そして、「スタジアム」では通じません。

さらに、このような発音が正解だと思い込んでいては、相手の言っていることが聞き取れません。自分が考えていたのとはまったく違う音が耳に入ってくるわけですから、聞いた音と知っている単語とが一致しないのです。

これらの何が間違っているのかを、この本は解き明かしていきます。

ところで、次のような英語を聞いたとき、どんなことを言っているか、分かりますか？

「オー（ル）ティーチャーアレッスン！」

—All teacher？ Lesson？　なんだ、「全部の教師、授業」か。……あれ？でも何か変だな。All なのに teacher は単数形だし、そもそもこの文、動詞がないぞ。でも、そのようにしか聞こえない……。

正解は、I'll teach her a lesson!（彼女に思い知らせてやる！）なのです。

どうして I'll は「アイル」ではないの？ teach her はどうして「ティーチ　ハー」とならないの？と疑問を持たれた方、この本を読んで謎を解明してください。

📖 発音の違いは鼻の高さのせい ?!

英語に関して、よくこんな愚痴を耳にします。

「中学・高校・大学と何年も英語を勉強したのに、ちっとも使い物

にならない」「読めば意味は分かるけど、話そうとすると通じない、聞き取れない」

そしてその原因を、

「学校での教え方がいけないのだ」「日本語がいけないのだ」「いや、日本語と英語とでは、話すときの呼吸法が違う」「呼吸法以前に、あごのつくりが違う、舌の筋肉のつき方が違う、鼻の高さが違う！」

とあげつらい、あげくの果てに、

「何もアメリカ人のように話す必要はないではないか。ＬとＲの区別ができなくとも、レストランで rice のつもりで『ライス』と注文してシラミ（lice）がお皿に大盛りになって出てくるはずはないのだから、日本語発音の英語でいいのだ！」

と開き直る人もいます。

もう少し辛抱強い人は、謙虚に勉強をするかもしれません。電車の中で音声教材を聞き、家では声に出して練習し、いろいろな本を買い、読み漁っては英語発音の向上を目指すことでしょう。

単語は暗記すればどんどん覚えるし、文法も文法書を１冊読めばなんとなく分かった気になります。見たことのない単語は辞書で調べればいいし、辞書に載っている例文を書き写せば、それが正しい英語であるという自信は持てます。

それなのに、発音のこととなると急に自信がなくなり、かなり英語のできる人でも不安を覚えるものです。聞き取れずに挫折を経験し、いったい何を、どうやって、あとどのくらい勉強したらいいのか？と悩み、こんなことを繰り返しても、いったいどこにたどり着くのだろうか？という焦燥感を抱くことがあるのではないでしょうか。先が見えないのです。

この本では、英語の音において何が重要なポイントであるのかを示し、目的地までの近道をお教えします。

🔲 「習うより慣れよ」ではなく「習ってから慣れよ」

　言語には、ルールがあります。文法が言語のルールであることは容易に思いつくでしょうが、実は言語の音声、つまり発音にも、言語ごとのルールがあるのです。

　よく「ネイティヴ（スピーカー）」という言葉を聞きますが、これは、「ある言語を母語とする人」という意味です。生まれたときから日本語に囲まれて日本語を自然に身につけた人は、日本語のネイティヴスピーカーということになります。

　いわゆるネイティヴと学習者の違いは、ネイティヴはルールのことなど考えずに、無意識にその言語を使うことができるのに対し、学習者は外国語のルールをまずは意識して覚えなければならないということです。

　しかしながら、学校の英語の授業では文法の説明や単語のテストはあっても、発音にまつわるルールの説明はほとんどなされません。そのため、実際に英語を話す場面で、相手に通じなかったときに、私たちはいったい何がいけなかったのか分からず、どこを直したらよいのか見当もつかない、という事態に陥ってしまうのです。また、聞き取れないときには、私たちはその時点で途方に暮れ、コンプレックスを感じるようになってしまいます。

　しかも、何か参考になる本はないかと探してみれば、発音に関しては「とにかく慣れよ」「慣れるしかない」などと書いてあるだけで、「そんなことを言われても……」と、またまた途方に暮れてしまうのではないでしょうか。

　小さな子どもが外国語に接した場合は、文法や単語の説明なしでも、音声だけ聞けば数か月で現地の友達と同じようにしゃべれるようになります。しかし母語が定着してしまった大人の場合、そうは

いきません。

　大人は、ただ一日中英語の音声の中に身を置いても、やみくもに発音練習をしても、なかなか上達しないのが普通です。音声を、自分の母語のフィルターを通して聞き、発音してしまうためです。

　そのかわり、子どもと違うのは、大人は理屈を理解しつつ英語を知ることによって、ポイントを押さえて練習することができるという点です。英語発音のルールを理解し、母語と照らし合わせながら練習することによって、意味が通じるように発音したり、必要な部分だけを聞き取ったりすることができるようになるのです。

　コツを知っているのと知らないのとでは、上達の速度も質も、得られる自信の大きさも違ってきます。

　本書を通して、ネイティヴスピーカーたちが無意識に使っているルールを、みなさんも意識することができるようになるはずです。

📖 慣れる前にしておくこと

　言語は、いくつもの音の「パーツ」から成り立っています。日本語と英語とで共通なパーツもあり、これについてはすでに発音できるのですから練習に時間を割く必要はありません。

　しかし、そのような音も第1章や第2章で説明するように、英語と日本語とでは異なったつながり方をすることがあります。あるいは、位置によっては消えて聞こえなくなったり、隣り合わせになった音の影響で、「化けて」しまったりすることがあるのです。個々の音は発音できても、つながること、消えること、化けることを知らないと、知っている単語や表現も通じない、聞き取れない、ということになるのです。

　第3章ではリズムを扱いますが、これは英語と日本語とでかなり

違うもので、せっかくの音のパーツもうまくリズムに乗せないと英語に聞こえません。英語らしいリズムを身につけてください。

　日本語と英語とで共通のパーツがそろっている場合はそれら個々の音の練習は必要ない、と述べましたが、日本語にはないけれど英語には存在する音があります。それが発音できないと、通じないか、意図したのとは別の単語になってしまうことがあります。そのような音は発音できるようにしないと不都合なことが起こります。

　第4章にあがっている音は、最低限身につけたい英語の音です。特に似通った音については区別するためのポイントを押さえながら、説明に従って実際に声を出して練習してみましょう。

　第5章と第6章は、どうやって正しい発音を知ることができるか、がテーマです。第5章では、英語圏の子どもが小学校に上がって綴り字と発音の関係を習う方法（フォニックスといいます）を通して、初めて見る単語でも辞書を調べずに正しい発音にたどり着くためのルールを紹介します。発音記号は大嫌いだ、という人は必読です。

　反対に、学生時代に辞書などで発音記号を目にしてある程度親しんできたという読者は、第6章で学習者が発音記号について疑問に思うこと、誤解しがちな点について説明しているので、正しい発音を知るための道具として記号を活用できるよう、ぜひ読んでみてください。

　なお、第1章から第4章まではもっぱら標準的なアメリカ英語の発音についての説明です。日本の英語教育の場面で一番よく聞かれる英語の種類だからです。

　しかし、「英語」と一口に言っても特に発音に関しては実はいろいろな種類があるのだ、ということを第7章で紹介します。英語の発祥の地はイギリスですが、私たちが学校で教わるアメリカ英語や、ホームステイや旅行で訪れた人も多いであろうオーストラリアで話

されている英語の発音は、イギリス英語とは違っています。なぜそれぞれ違った発音なのかを説明します。「オーストラリアではハエが口に入らないように発音が現在のかたちに進化した」という俗説は本当なのでしょうか？第7章を読んでください。

　最後に第8章では、これらの知識を得た上でどのように英語の発音に「慣れて」いったらよいのか、アドヴァイスをいたします。

　この本を読み終わる頃には、頭の中の英語が、今までとかなり違った響きになっているはずです。響きが本物に近づけば近づくほど、英語によるコミュニケーション（話すほうも聞くほうも）の質は上がります。

　まずは、発音のパーツを確認し、それらを組み立てるためのルールを意識して、本物はどういう形をしているか、見る目（というか、聞く耳）を養ってください。「慣れる」のは、それからです。

第 1 章

つながる音、聞こえない音

内田洋子
Uchida Yoko

📖 「どうしても英語が聞き取れるようにならない！」

……と嘆いている方、ただやみくもに英語の音声を流しっぱなしにして聞いていても、残念ながらほとんど効果はありません。たくさんの音声が鼓膜に響いてきても、「日本語を聞くときの耳」を使っている限り、正しく英語の音を分析できるはずがないからです。

このような状況から脱却するための手助けとして、この章では「日本語を聞くときの耳」はどのように英語を聞き取る癖があるかを指摘し、それを英語として分析し理解する方法、すなわち「英語を聞いて理解するための耳」を養うポイントをお教えします。

📖 アナニアナナネ（グ）──これが自然な英語

筆者の大学生時代、授業でイギリス人の先生と「昨日の出来事」をテーマに会話をしていたときのこと。

学生：What did you do yesterday?
先生：I went to a supermarket, and got
　　　アナニアナナネ（グ）.（下線部は強く聞こえる）
学生：Excuse me? What did you get?
先生：アナニアナナネ（グ）.
学生一同：？？？

学生は首を傾げた。まるで呪文のよう！先生はスーパーマーケットに行った、そしてゲットしたのは分かった。でも「何を」ゲットしたというのだ？（読者の皆さんは先生が何を買ったか、分かりますか？）

ぽかんとしている学生一同を前に、先生は何回か「アナニアナナネ（グ）」を繰り返した。そして、ついに「なぜ分からんのだ」という顔をしながら黒板に書いた。

An onion and an egg.

　タマネギ１個とタマゴ１個。学生たちはため息をついた。どれも、字面を見れば分かる単語ばかりではないか！それがなぜ聞き取れない？
　さらに困ったことには、この黒板に書かれている英語を復唱すると、どうしても「アンオニオンアンドアンエッグ」となってしまう。先生の発音からはほど遠い……。

　こういった経験、みなさんにもあるのではないでしょうか？ひとつひとつはよく知っている単語なのに、それが複数並んで句や文になった途端に聞き取りにくくなること。あるいは簡単な内容を伝えたいだけなのに「英語らしく」発音できないために、英語を母語とする人に理解してもらえなかったということ。
　これは、英語と日本語の子音・母音の組み合わさり方、すなわち音節構造の違いが大きな原因なのです。

日本語と英語の音節構造——ここが違う

　日本語でも英語でも、子音が母音の周りにくっついて、ひとつのまとまりを構成します。このまとまりのことを「音節」といいますが、この音節の構造が日本語と英語では大きく異なるのです。
　まず日本語。日本語では、かな１文字で表される音がまとまりを

作ります。このまとまりは、俳句の五七五などを数える際の１単位と同じと考えてよいでしょう。（厳密にはこれを「モーラ（拍）」と呼びますが、本書では「音節」を使います。）

　以下の例を見てください。

（1）デジカメの　エサはなんだと　孫に聞く

　　　de.ji.ka.me.no. e.sa.wa.na.n.da.to. ma.go.ni.ki.ku

（2）まじっスカ　スカがついてて　ていねい語

　　　ma.ji.s.su.ka. su.ka.ga.tsu.i.te.te. te.i.ne.i.go

（3）AIも　太刀打ちできぬ　妻の勘

　　　e.e.a.i.mo. ta.chi.u.chi.de.ki.nu. tsu.ma.no.ka.n

（第一生命保険「サラリーマン川柳コンクール」の人気投票上位作品より）

　それぞれの川柳の下にローマ字で表記したものを示し、さらにひとつのまとまりと感じられる部分の区切りとしてピリオドをつけました。

　かたまりひとつひとつの構成を見てみると、ほとんどに母音（a、i、u、e、oのいずれか）があります。そして、その前に子音がついているものとないものがあります。例外的に(1)「なんだ」と(3)「勘」の「ん」にあたる n、(2)「まじっスカ」の「っ」にあたる s には母音は含まれていません。

　上の例から分かる通り、日本語を話す私たちにとってひとつのかたまりと感じられる要素は、「ん」と「っ」の場合を除いて、以下の構成をしているといえます。

> 日本語の音節：（子音＋）母音

このように非常に単純な構造を持っている日本語と対照的に、英

語を母語とする人たちにとってひとつのかたまりと感じられる音の構成は、日本語よりずっと複雑です。

英語でも日本語同様、I /áɪ/, see /síː/ のように母音だけ、あるいは子音＋母音で音節を構成する場合がありますが、それだけではなく、all /ɔ́ːl/, food /fúːd/ のように後ろに子音がくっつく場合もあります。

また、play /pléɪ/, east /íːst/, start /stάɚt/, task /tǽsk/ のように前後に2つの子音がくっつく場合も珍しくなく、さらにはstrengths /stréŋkθs/ のように前に3つ、後ろに4つの子音がくっつくことすらあるのです。こんな長ったらしい子音と母音の連続がひとまとまりに感じられるなんて信じられない！と思うかもしれませんね。

これをまとめると、次のようになります。

英語の音節 （母＝母音、子＝子音を表します）：

母	I
子＋母	see
母＋子	all
子＋子＋母	play
子＋母＋子＋子	task
⋮	
子＋子＋子＋母＋子＋子＋子＋子	strengths

英語は、もともと母音・子音の数が日本語よりずっと多いのですが、加えてこのように組み合わせの可能性が日本語と比べて格段に多いのです。

ただし、日本語よりずっと多い子音が好き勝手に組み合わさるわ

けではありません。

　例えば、母音の前に３つ子音が続く場合、最初の子音は必ず /s/ で
すし（例：spring /spríŋ/, strike /stráɪk/, screw /skrúː/）、母音の前に２つ
子音が続いて２つめの子音が /l/ の場合、/pl/ や /kl/ という組み合わ
せはあっても（例：play /pléɪ/, clear /klíɚ/）、/tl/ という組み合わせは
ありません。ですから、tlay、tly などという英語はあり得ません。

　この知識を使えば、「トライアンファント」と聞こえる単語の出だ
し２つめの「ラ」の音は /l/ か /r/ か、たとえ聞き取れなかったとしても、
/tl/ ということはあり得ないのだから、迷う必要はないわけです。英
語を学習するということは、こういった語感・音感を養うことでも
あります。

　なお、音節のタイプとして、母音で終わるものを「開音節」、子音
で終わるものを「閉音節」といいます。前頁で見てきた母音と子音
の構造から明らかなように、日本語は開音節が基本であるのに対し、
英語には開音節と閉音節の両方があります。しかも英語では日本語
と違って子音が連続して現れることもあります。この２つが日本語
と英語の重要な違いで、私たちが英語をうまく聞けない・話せない
大きな原因なのです。

　さて、話を進める前に確認しておきたいことがあります。これま
での説明を読んで、「なるほど、音節には必ず母音が存在するわけだ
から、母音の数＝音節の数と考えればよいのだ！」と思うと同時に、「I
とか play は母音が２つあるのに、なぜ音節が２つじゃなくて１つな
んだ！」と疑問に思われる読者もいらっしゃるかもしれません。が、
実は /aɪ/ や /eɪ/ は「二重母音」といって、発音の途中で音色が変化
する母音で、英語話者は１つの母音と認識しているのです。

日本語にはこのような母音が存在しないので、二重母音の /aɪ/ や /eɪ/ を聞くと、それぞれ /a/ と /i/、/e/ と /i/ という２つの母音が連続しているように聞きがちです。先の川柳の（3）で、「AI」の「A」を /e.e/、「I」を /a.i/ で、合計４つのまとまりがあると数えているのが、そのようなとらえ方を如実に示しています。

📖 果てしなく音節が増える謎

　日本語にはない、２つ以上の子音連続や閉音節の発音をしなければならないとき、私たちはどうするか？
　「開音節にしないと気が済まないから、えーい、子音の後に母音をくっつけて、開音節にしてしまえ！」
　という解決法を取るのです。

　strike /stráɪk/、すなわち「子音＋子音＋子音＋母音＋子音」という構造を持つ音節を発音しなければならない場合を例にとってみましょう。
　日本語には母音なしに子音を３連続で発音したり、子音で発音をし終えたりする構造がないので、「子音＋母音＋子音＋母音＋母音＋子音＋母音」のように、母音を加えて発音してしまいます。日本語を母語とする私たちにとっては、これが最も自然な音のつながりなのです。
　さらに悪いことに、/aɪ/ というひとつのまとまりと認識されるべき母音を /a/＋/i/ という２つの母音ととらえてしまう。
　結果として、英語では１つの音節であると見なされている strike が、私たちには /su.to.ra.i.ku/ のように５音節語であると認識されてしま

うのです。この日本語化した strike を聞いた英語話者は、ずいぶん間延びした不思議な発音であると感じることでしょう。

　もうひとつ、みなさんもよくご存知のアメリカの歌「大きな古時計」の歌詞を例にとってみましょう。

　出だしの部分、日本語ですと、「おーおーきな のっぽの ふるどけい おじいーさんのー とけいー」と歌う部分の歌詞は、英語では、

My grandfather's clock was too large for the shelf, so it stood ninety years on the floor.

となっていますが、読者のみなさんはうまく音符に乗せられますか？少し考えてから、楽譜を見てみてください（歌詞を優先して音符を配置しています）。

実際どのように歌われるかについても確認しておきましょう：

http://www.coelang.tufs.ac.jp/mt/en/pmod/rhythm.php#no67
「東京外国語大学言語モジュール」「英語であそぼう！」より

うまく歌えなかった方の多くは、歌詞全部をメロディに収めきれないと感じたのではないでしょうか?

　これは、子音の後に余計な母音を加えるなどして、不必要に音節の数を増やしてしまったのが原因です。

　具体的に2つを比べてみましょう。

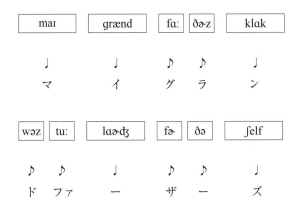

　……あれれ、「クロックウォズトゥーラージフォーザシェルフ」が歌えない!

　四角で囲んだのが、英語を母語とする人がひとかたまりと感じるまとまり、すなわち1音節です。しかし、日本語の音節構造に合う形で発音してしまうと、音節の数は膨大なものとなってしまいます。

　例えば、grandfather /grǽnd fɑ̀: ðɚ/ (3音節) の場合、/g/ の後に /u/ を入れ、/n/ を日本語の「ん」のように1つのかたまりととらえ、/d/ の後に /o/ の母音を入れ、/fɑ:/ の母音を「ファ」+「ー」という2つのかたまりと取り、/ðɚ/ の母音を間延びさせて「ザ」+「ー」の2つのかたまりととらえ、結果として「グ・ラ・ン・ド・ファ・ー・ザ・ー」、すなわち合計8音節を持つことにしてしまう。

コラム

発音に苦しむのは私たちだけじゃない

　本文の状況とは反対に、英語を母語とする人がカラオケで日本語の「大きな古時計」を歌う場合、やはり苦労するはずです。その理由はといえば、またもや音節の区切り方の違いということになります。

　「おおきな」とか「おじい（さん）」のような、日本語話者にとっては音節が2つあると感じる音を、英語話者はひとまとまりの母音と感じます。そもそも英米人は「おお」と「お」、「じい」と「じ」の長さの違いをとらえる耳を持ちません。（その証拠に、英語話者は「おおきな」と「おきな」、「おじいさん」と「おじさん」の違いを区別するのが苦手です。）

　それから「とけい」の「け」と「い」の母音部分は /eɪ/ という二重母音ととらえてひとまとまり。「のっぽ」は日本語を母語とする人にとっては「の」と「っ」という2つのまとまりですが、英語の音節構造に基づいた聞き方をすれば、/nop/ という閉音節1つ。さらに、「（おじい）さん」の「さ」と「ん」も /san/ という閉音節1つ、となります。

　……そんなわけで、おそらくマイクを片手に、「オ・キ・ナ・ノ・ポ・ノ・フ・ル・ド・ケイ・オ・ジ・サン・ノ・ト・ケイ」と歌い、音符が余ってしまうので四苦八苦することになるでしょう。

また、clock /klάk/（1音節）の2つの /k/ の後にそれぞれ /u/ を入れ、母音 /ɑ/ の後に詰まった音「ッ」を入れ、結果として「ク・ロ・ッ・ク」という4音節を持つと考えてしまう……。

こんなことを続けていくと、英語では20音節でしかなかった歌詞が、倍以上の52音節を持つことになります。どうりで音符が足りなくなってしまうわけです。

日本語の音節構造に支配されている私たちは、とにかく子音が2つ以上続いたり、子音で音節が終わったりする状況が苦手。もともとはなかった母音をくっつけてまで、子音＋母音の開音節に仕立てようとする癖があるのです。

🔲 聞き取れない！──音節の区切り方を変えてみよう

ひとつひとつの単語は簡単なのに、それがつながるとわけが分からなくなる……この英語学習者にはおなじみの「聞きとれない！」という悩みも、実は開音節で音を区切る習性が原因となっていることが多いのです。

例えば「ピキタッ（プ）！」（下線部は強く聞こえる）と言われて途方に暮れてしまった、という場合を考えてみましょう。音声の流れとしては /píkɪtʌ́p/ となるのですが、これをどのように区切るかが、意味を持つ単語として音が耳に入って来るか来ないかの分かれ道になります。

pí kɪ tʌ́ p

という開音節に区切るのが私たちにとって最も自然。ですが、こ

れではいつまでも意味のある英語が浮かび上がってきません。そこで、ここは思い切って長年の習慣を断ち切り、子音で音節が終わる区切り方を取り入れてみましょう。すると

pík ɪt ʌ́p

なーんだ、pick、it、up、ではないか！ということになる。ひとつひとつの単語はとても簡単なのに、音節の区切り方を誤ると、聞こえなくなるのですね。

それでは Pick it up! というフレーズを自分で発音する際には、何に注意すればよいでしょうか？この場合は、先ほど述べたような子音の後に余計な母音をくっつけたくなる誘惑を断ち切る必要があります。

すなわち、/pík/ の /k/ の後に /u/ を入れたり /ɪt/ の /t/ の後に /o/ を入れたりして開音節に持ち込もうとする癖を排除しなければなりません。さもないと、「ピックイットアップ」のような間延びして通じない英語が完成してしまいます。そうではなくて、/pík/ の /k/ と /ɪt/ の /ɪ/ をつなげて「キ」、/ɪt/ の /t/ と /ʌp/ の /ʌ/ をつなげて「タ」と発音することを心がけてください。

※ここで問題です。次の３つの句を発音して、何を言いたいのか考えてみましょう。

(1) チェキタウ（ト）! /tʃékɪtáʊt/
(2) メイディニタリー /méɪdɪnítəli/
(3) ワンサポナタイム /wʌnsəpɑ̀nətáɪm/

それぞれについて、２通りの区切り方をあげておきましょう。

(1) /tʃé kɪ tá ʊ t/   /tʃék ɪt áʊt/
(2) /mé ɪ dɪ ní tə li/   /méɪd ɪn ít ə li/
(3) /wʌ n sə pɑ̀ nə tá ɪ m/   /wʌns ə pɑ̀n ə táɪm/

左の区切り方では意味が浮かび上がってきませんね。そのかわりに右のように区切ってみると・・・・・それぞれ、

Check it out!、made in Italy、once upon a time

が導き出せましたか？

特に注意したいのは (2) の in /ɪn/ と Italy /ítəli/ がつながる部分、すなわち /n/ の後に母音が続くというケースです。

これは日本語を母語とする私たちが最も苦手とする音のつながり

です。このような場合、私たちは語末に現れる /n/ を「ン」の音と同じであると誤解しがちで、発音する場合も「イン イタリー」のようにブチッと切るのが得意です。が、これでは何を言いたいのか英語話者には分かってもらえないでしょう。

　実際は、/ɪn/ の語末の /n/ と、/ítəli/ の語頭の /ɪ/ はつながって「ニ」のような音になります。音節末の /n/ が「ン」のような音になるという思い込みとはかけ離れた音であるために、聞き取り・理解に混乱をきたすというわけです。

　(3) についても『ワンス・アポン・ア・タイム・イン・アメリカ』(1984年、米) という題名の映画がありますが、このまま発音してもおそらく英語話者はすぐには理解できないでしょう。

　この章の冒頭のタマネギとタマゴが呪文のように聞こえた例も、「ン」の呪縛が原因でした。

　呪縛から解放されるためには、an onion and an egg /ən ʌ́njən ən eg/ (注：and の /d/ は、普通のスピードの会話では発音されません) の /n/ が次の母音とつながってナ行のような音になるということを耳でも口でも納得できるようになる必要があります。そうでないと、聞き取りの際に音の流れから onion とか egg のような単語を引き出すことはできないし、会話をする際にも下線部の /n/ を独立させて「ん」と発音する非常に日本語的で通じない英語から脱却できません。

コラム

今日はたくさん車を買いました?!

　閉音節の音連続がうまく発音できなかったために、コミュニケーションに支障が出た失敗談をご紹介しましょう。

　筆者がロンドンのあるイギリス人家庭に1か月ホームステイしたときのこと。ある日、きれいなグリーティングカードをたくさん買った筆者は、I bought many cards. と報告しました。すると、それを聞いたイギリス人のお母さんは「わけが分からない」という顔をしました。そこで、自分なりに cards という単語を数回繰り返したのですが、それでも分かってもらえない。

　仕方がないので、買ってきたカードをカバンから取り出して見せると、「なーんだ、cards か!」と言うのです。

　後で気づいたのですが、筆者は /kɑːʣ/ と言うべきところ、母音の後の子音連続 /ʣ/ がきちんと発音できておらず、イギリス人の耳には cars /kɑːz/ と聞こえたらしい。確かに、「今日はたくさん車を買いました」と言われたら、相手はびっくりしますよね!

　現代日本語では [z] と [ʣ] の区別をしないため、その音の違いを聞き取ったり意識して発音したりするのは大変難しいのですが、[z] と違って [ʣ] は「ツ」が濁ったような音が入っているように聞こえます。発音するコツとしては、[ʣ] では舌先を丁寧に歯の裏の歯茎につけ、[z] ではつけないようにするとよいでしょう。

◈最後に、確認のための問題をもう3つ。

次の例文の、カタカナのように聞こえる部分は、何と言っているのでしょうか？

(4) モウスタヴァス like Mozart.
(5) I'll be バッキナナワ.
(6) They ウォークトナノナノーン.

答えは次の通りです。

(4) Most of us like Mozart.
(5) I'll be back in an hour.
(6) They walked on and on and on.

📖 フル・サラってどんな料理？──なくなる音

アメリカを旅行中のある日本人旅行者の話。レストランでウェイターに「フル・サラ」なるものをすすめられ、「どんな珍しい料理なのだろう？」と楽しみにしていたところ、単にフルーツがたくさんのったサラダが出てきて拍子抜けしてしまいました。なぜこのようなことになってしまったのでしょうか？「ウェイターが最後まではっきり発音しないから悪いんだ！」と文句のひとつも言いたくなりますが、いえいえ、ウェイターは両方の音をきちんと発音しています。

問題は2つの音が現れる位置です。fruit /frúːt/ の /t/ も salad /sǽləd/ の /d/ も、いずれも私たちが苦手な音節の最後に来る子音ですね。実は、この位置の子音は、母音の前に来る子音と違ってはっきりとは聞こ

えないのです。ましてやカタカナで書いて発音するフルーツサラダ /furuutsusarada/ のように、子音の後に母音が入って発音されるのとはまるっきり違って聞こえます。

　この音節の最後の子音に特徴的な聞こえ方について知らないと、上の日本人旅行者のように耳にはっきり聞こえる音にのみ聞き耳を立て、ありもしない「フル・サラ」に思いを巡らした挙句、がっかりすることになります。英語の子音はいつもすべての粒がはっきりと聞こえるわけではないことに留意する必要があります。

　聞こえにくくなる子音が何かを補って聞き取れるようになるには、たくさんの英語を聞くことが不可欠なのは言うまでもありません。が、どの位置でどのような子音がはっきりと聞こえなくなるのか知っていれば、効率的に学習できるでしょう。このきまりは、以下のように簡単にまとめることができます。

A. 英語の子音は、以下の位置では聞こえにくくなることがある。
・/...sælə(d)/ のような、語末。
・/frú:(t) sæl.../ のように、音節が複数あって子音が 2 つ以上続く位置。

B. 聞こえにくくなる子音は /p t k b d g/ の 6 種類。

※具体例を見てみましょう。次のような英語が聞こえてきたら、何を言おうとしているか分かりますか？

(1) Get on this バス .

(2) To fill out the form use this ペン .

(3) I'll take this キャッ .

(4) I prefer this シャーッ .

(5) She got a foreign ブッ .

(6) I don't want to take the ジャーッ .

(7) He was sleeping in the ベッ .

(8) Pick up the バーッ .

　(1) と (2) は問題なく、bus と pen と答えられたと思います。問題はそれ以降の語。それぞれ cap、shirt、book、job、bed、bag が答えなのですが、想像がついたでしょうか？

　これらの単語は、語末の子音がそれぞれ /p t k b d g/ です。発音をした英語話者たちは、これらの子音をきちんと発音しているけれど、私たちの耳にはその音としてはっきりと聞こえてこないというわけです。

　ただし、はっきりとは聞こえないとは言っても、まったくの無音ということではありません。「ッ」のような何か詰まったような音が聞こえるはずです。

　また、口の動きがヒントになるときもあります。例えば (3) の場合、cap の母音の後で話し手が唇を閉じるような動作をすれば、/p/ の音を出したのだなということが分かるでしょう。唇が閉じていなければ、cap ではなく例えば cat と言っているのかもしれません。

　さらには、会話が行われている状況から音を補うことも可能です。(3) を帽子売り場で聞いたのなら cap、保護猫の譲渡会場であれば cat、という具合です。

　この聞こえにくくなる語末の子音は、上の例題のカタカナ表記ではまったく示しませんでしたが、今後の説明では便宜的にカッコに

入れて表示します。上の例であれば、それぞれキャッ（プ）、シャー（ト）、ブッ（ク）、ジャー（ブ）、ベッ（ド）、バーッ（グ）、のようになります。

❖ 次に、音節が複数あって子音が2つ以上続くケースを見てみましょう。以下の英語は、どのように聞こえてくるでしょうか？

(1) late show
(2) Good bye!
(3) cupcake
(4) smoked salmon
(5) landlord

　気をつけなければならないのは、下線部の子音が連続している部分、そしてはっきり聞こえない可能性があるのは /p t k b d g/ の子音です。
　次のように答えられましたか？

(1) レイ（ト）ショウ
(2) グッ（ド）バイ！
(3) カッ（プ）ケイ（ク）
(4) スモウク（ト）サーモン
(5) ラン（ド）ロー（ド）

　(3) と (4) でははっきり聞こえなくなる可能性のある子音が2つあって、どちらが聞こえにくくなるか迷った方もいるかもしれません。この場合、両方の子音が聞こえにくくなるのではなく、音節の

最後に来る子音のほうが聞こえにくくなる、ということを申し添えておきます。

　それでは、総仕上げとして、もういくつか問題を出します。

❖次の英語はどのように聞こえてくるでしょうか？
　音が聞こえなくなる条件に合っている子音はどれかを確認しながら声に出して発音してみて、その後で答えを見てください。

　(1) Have a break!
　(2) Time's up!
　(3) Watch out!
　(4) I must go.
　(5) I don't mind.
　(6) Put back the cup.
　(7) next station

　それぞれ次のようになりましたか？

　(1) ハヴァブレイ（ク）！
　(2) タイムザッ（プ）！
　(3) ウァッチャウ（ト）！
　(4) アイマス（ト）ゴウ
　(5) アイドウン（ト）マイン（ド）
　(6) プッ（ト）バッ（ク）ザカッ（プ）
　(7) ネクス（ト）ステイション

◻ 聞こえた通りにカタカナで書き出してみよう

　以上で、日本語とは違う英語の音節構造が、聞き取りと発音両方にとって大きな障害になっていることがお分かりいただけたと思います。

　重要なのは次の３点でした。

---

(1) 日本語にはない音節末の子音および子音連続の後に母音をつけずに発音する。
(2) 耳に流れてくる音の連続を英語の意味が聞こえてくるように区切る。⇒英語では母音の後で区切るのではなく、子音まで詰め込んでひとまとまりになることがあるのを思い出すことが大切。
(3) すべての子音が私たちの耳に聞こえやすく発音されるのではない。⇒具体的には、/p t k b d g/ が聞こえない可能性があることに留意する。

　ただ漠然と音を聞いていてもダメだということがお分かりいただけたでしょうか？

　リスニング力を高めたい、けれども何から手をつけてよいか分からないという方、これからは英語の音声を聞き取るときに、自分の耳ではどういう音に聞こえるかをまずはカタカナで書き出してみることをおすすめします。そうすれば、自分がどういう「癖」を持ち込んでいるかが浮かび上がってくること請け合いです。

　自分の聞き取りの弱点はどこにあるかを分析することにより、学習効果はぐっと上がることでしょう。

英語話者が苦手な日本語発音とは

　私たちだけが「アナニアナナネ（グ）」で苦しむのではフェアではない！とおっしゃる方のために、反対に日本語で苦労する英語話者の例もあげておきましょう。

　日本語を学習している英語話者に留守電の応答でよく用いられる「……発信音の後で（お名前とご用件をお話しください）」を発音してもらってください。かなり不自然な発音になるはずです。私たちの耳には「ハッシンノンノアトウデイ」と聞こえます。

　これは「ン」の音でひとまとまり、という日本語的なとらえ方が英語にはないというのが原因です。

　本文で、英語の in Italy の /n/ の音を日本人は「ン」ととらえて、次の母音との間にポーズを入れてしまいますが、英語ではこれを次の母音とくっつけて、「ニ」と発音しなければならない、という説明をしました。「ハッシンノンノ」という発音では、これと反対の現象が起きてしまっています。つまり、本来は「ン」ととらえられるべき音を、英語話者は次の母音 /o/ とくっつけて「ノ」と発音してしまう、というわけです。

　日本語が流暢な人でもこうなってしまうことが多いようです。きちんと「ハッシンオンノアトデ」と言えた人は、かなりの発音上級者でしょう。

第 2 章

音は化ける

牧野武彦
Makino Takehiko

第1章では、「英語を聞くための耳を養う」ポイントとして、英語と日本語は音のつながり方が違うということを説明しました。この章では、同じだと思っていた音が、出てくる場所によっては別の音に化けてしまう、という現象を主に扱います。

　これを知っていないと聞き取りに支障が出ますし、発音するときも、英語のルールに合わせて化けさせないと、正しい発音とは似ても似つかないものになってしまいます。

　英語の音は化けるのか、面倒だな……と思う読者もいらっしゃるかもしれません。でも、「化ける」といってもそこには規則性があります。知ってしまえば案外簡単だと気づかれるでしょう。まずは理屈を頭に入れ、例文を声に出して読んで、英語らしい音を身につけましょう。

　ところで、音が化けるのは、何も英語だけの話ではありません。日本語を含めたあらゆる言語で、多かれ少なかれ起こっていることなのです。

　まずは、日本語の発音について見てみましょう。

📖 日本語の音も化ける──いろいろな「ン」と英語

※下線を引いた次の4つの「ン」の発音について述べている（ア）と（イ）のうち、正しいのはどちらでしょうか？

　(1) ヨ<u>ン</u>（4）　　(2) ヨ<u>ン</u>ド（4℃）
　(3) ヨ<u>ン</u>バイ（4倍）　(4) ヨ<u>ン</u>イ（4位）

　（ア）4つとも同じ。
　（イ）4つともみな違う。

見出しから予想される通り、正解は（イ）の「4つともみな違う」
です。

　そんな馬鹿なことがあるものか、少なくとも自分は同じ「ン」の
つもりで発音している、と納得できない方は、鏡の前に立って4つ
の単語を発音し、ご自分の口の動きを観察してみてください。

　(1) の「ン」は、舌の後部を高く持ち上げ、口への通路をふさぎ、
鼻から空気を出して作る音（＝鼻音）です。「ヨンーーー」と最後の
「ン」を伸ばしながら鼻をつまんでみましょう。息がつまりますね。

　(2) の「4℃」の「ン」は、舌の先を上の前歯の裏の歯茎のあたり
につけて出す鼻音で、英語の /n/ と同じです（舌先が前歯についてい
る人もいるかもしれません）。

　(3)の「4倍」の「ン」は、両唇を閉じて「ンー」と発音する英語の /m/ と
同じ鼻音です。

　(4) の「4位」の「ヨン」のときですが、舌先が (2) のように歯
茎に接触している人はいないはずです。「4位」の「ン」は、肺から
の呼気が口と鼻の両方から出て発音される鼻にかかった母音、いわ
ゆる「鼻母音」です（フランス語を習ったことのある読者は、この
練習をさせられたはずです）。このように母音の前の「ン」は、鼻母
音として発音されるのです。

　(1) 〜 (4) の「ン」がそれぞれ異なった発音を持つことを意識し
ていた読者は、ほとんどいないでしょう。日本語のネイティヴスピー
カーである読者のみなさんは、この4つをみな同じ音と思いながら、
無意識のうちに使い分けているのです。

　第1章のコラム（30ページ）で紹介した「ハッシンオンノアトデ」が、
英語を母語とする人たちにとって大変言いにくいのは、英語と日本

語の発音の規則が違うためでしたね。無意識のうちに母語の英語の習慣を持ち込んで、日本語の「ン」をすべて英語の /n/ のように舌先を歯茎の裏につけて発音してしまうと、「ハッシンノンノアトデ」の出来上がりというわけです。

コラム

自分の名前を綴りで言うときは

　/m/ が語末に来たときに唇を結んだままで「ン」と言うだけだとすると、/n/ が語末に来ているときに、舌先を上の歯茎につけて「ン」と言うのと響きがほとんど同じになります。

　つまり、some と sun が両方とも「サン」に聞こえて、区別がつきにくくなるのですが、これは現実にはほとんど問題になりません。後に母音で始まる単語が続けば「マ行」と「ナ行」で区別がつきますし、そうでなくても、面と向かって話している場合には、口を見れば分かります。電話などで口が見えない場合でも、文脈から想像がつきます。

　ただし、綴り字を言うようなときには文脈が役立ちませんから、英米人は、M as in Mary、N as in Nancy などと言って確認したりします。

　ご自分の名前に m や n が含まれている方は、この言い方を覚えておくと名前を間違って受け取られる恐れが減りますよ。

　序章で述べたように、どの言語の発音にも規則があり、母語話者なら無意識に従える規則も、外国語として学習する人は、意識して学習しなくてはならないことが、この例からもお分かりいただけると思います。

　この章では、英語の話し手にとっては同じ文字で表され同じ音と考えられるのに、ちょうど日本語の「ん」のように、使われる場所によって化けてしまうために、私たちにとって聞き取りや発音に注意が必要な音を扱います。それではまず、その代表選手ともいえる /l/ から話を始めましょう。

📖 「ウ」や「オ」にも聞こえる L

　日本人は英語の R の発音には苦手意識を持っている人が多いように見受けられますが、他方、L のほうは日本語と同じで簡単だと思っている人が多いのではないでしょうか。そのことの反映か、学校でも R の発音は教えても L の発音は教えられていないことが多いようです（筆者の経験ではそうでした）。

　しかし実は、/l/ はそれが現れる場所によって、少なくとも日本人の耳にはまったく別物に聞こえる発音になってしまう、やっかいな音のひとつです。これは聞き取るだけでなく、きちんと発音できないと、コミュニケーションに支障をきたす場合があり得ます。

　まず、light や lip のように、母音の前に現れるとき。
　この場合は「ライ（ト）」「リッ（プ）」のように、日本語の「ラ行」のように聞こえます。同じく「ラ行」に聞こえる right や rip との聞き分けに問題が生じます（詳しくは第4章88ページを参照ください）が、ともかく「ラ行」に似た音であることには違いはありません。

　では、call や milk のように、後に母音が続かない場合はどうでしょうか。

　この場合、「コール」ではなく「コーゥ」、「ミルク」ではなく「ミオ（ク）」のようになるのです。日本ではこのような /l/ の発音があるということがあまり知られていないためか、そのような /l/ を「ル」と言ってしまう人が多いのですが、これでは英語の発音とはまったくかけ離れたものになってしまいます。「ミルク」や「フィルム」といった音をイメージしていると、実際の会話で「ミオク」や「フィウン」のような音が聞こえてきたときに、milk や film を聞き取れないことになります。

📖 暗い L と明るい L

　後に母音が続かない場合の /l/ は、ラ行音のように聞こえる母音の前の /l/ に比べ、ぐっと暗い響きがあるので、これを「暗い L」と呼び、母音の前の「明るい L」と区別することがあります。

　そもそも L の発音は、「舌先を上の前歯の裏の歯茎のあたりにつけたまま声を出す」というものです。後に母音が続けば「ラ行」に聞こえますが、母音を続けないと「ウ」や「オ」に聞こえますね。これが暗い L ですから、日本語の「ウ」や「オ」とまったく同じというわけではありません。

　ただし、英語話者の中にもこの「暗い L」を、本当の「ウ」のように舌先を前歯の裏の歯茎につけずに発音する人は少なくないので、私たちとしては、むしろ安心して「ウ」や「オ」の発音を使って差し支えないでしょう。

　筆者が学生時代、地域の英会話サークルで教えていたとき、/l/ の

この発音について紹介したところ、「それだったら、発音記号は /u/ か /o/ とでも書いてくれればいいのに、どうして /l/ と書いてあるのですか」という質問が出たことがあります。まことにもっともな疑問ですが、私たち日本語を使うものの耳にはどんなに違って聞こえるのだとしても、英語話者にとっては「同じ」Lの音であるというのが最大の理由です。

また、この /l/ が文の中で使われる場合、後に何も続かない I'm full. /fól/ では「フウ」となりますが、後に母音が続く場合は、He's full of energy. /fóləvénədʒi/ のように full of が「フ ラ ヴ …」となり「ラ行」に聞こえます。それで /l/ と表記してあるのです。

※ではこのあたりで少し頭の体操をしましょう。

「ウ」や「オ」に聞こえる /l/ があることを頭に入れて、私たち日本人の耳に次のように聞こえる英単語は何なのかを当ててみてください。

(1) アンビリーバボー　(2) タヌー　(3) ピーポー
(4) パープー　(5) ペンツウー

(1) はよくお目にかかる表記ですが、まさに /l/ が「オ」のように聞こえることをそのまま表していますね。unbelievable が答えです。

(2) は多少こずったかもしれません。答えは tunnel です。「トンネル」という音の連続を想像しているとなかなか聞き取れない単語のひとつです。綴りでは n が重なり、最後の l の前に母音字の e が入っていますが、/n/ の音はあくまでも1つだけで、さらにこの /n/ から次の /l/ の音に移る際に母音を入れず、舌先を上の歯茎にあてたまま発音するのがコツです。final や channel のような単語でも同様で

すので、舌先を歯茎につけたまま発音する練習をしてみてください。「ファイヌー」や「チャヌー」のように聞こえるはずです。

(3) は people、(4) は purple ですね。

(5) は pencil です。これも日本語の「ペンシル」とはかなりかけ離れたイメージの発音になります。日本語で「ペンシル」や「プリンス」と言ってみて、「ん」のところで、舌先がどこにあるか観察してみましょう。歯茎には接触していませんね。

英語の /n/ は常に舌先を歯茎につけて発音するため、次の /s/ の音に移る際に自然と「ツ」のような音が入ります。prince や since を、/n/ のところで、しっかりと舌先を歯茎につけるようにして発音してみてください。「プリンツ」や「スィンツ」のように聞こえれば OK です。「プリンツ」では prints と同じ発音になってしまうのではと考えた読者は大正解です。/l/ とは直接関係はありませんが、この際覚えておきましょう。

L のいたずら

「ウ」ないし「オ」のようになった /l/ で、もうひとつやっかいなのは、それ自身の発音に特徴があるだけではなく、前の音にも影響を与えてしまうことです。

ここまで読んだみなさんは、culture /kʌltʃɚ/ という単語を、もう「カルチャー」ではなく「カウチャー」と発音できますね。実際発音する場合はそれでまったく問題ありません。しかし、聞くときは「コウチャー」のような発音に出会うことも結構あります。

これは、この /l/ の影響です。綴り字 u で表され、私たちの耳には「ア」に近く聞こえるはずの /ʌ/ の母音が「ア」よりも「オ」の響きに近い音に変わってしまうためです。adult も「アダウト」よりも「ア

ドウト」となります。

このような単語は、ほかに gulf、dull、pulse、bulb などがあります。gulf は「ゴウフ」、dull は「ドーウ」のように聞こえてしまい、golf や doll と紛らわしくなることがあります。I fought in the ゴウフウォー . と言われたら、「ゴルフ戦争」ではなく「湾岸戦争（the Gulf War）」、He is ドーウ . と聞こえたら、彼は人形（もしそうなら a doll となるはずです）ではなく退屈な人（dull）なので、文脈に応じて対応できるようにしましょう。

/ʌ/ のほかに、/e/ も影響を受けやすく、その場合「ア」のような響きになります。tell /tél/ は私たちが発音するときは「テウ」で構いませんが、「タウ」のような発音に出会うこともあるのを覚えておいて損はないでしょう。L の文字の名前も「エル」ではなく、「エウ」、果ては「アウ」「オウ」のように聞こえることさえあります。

相手の言っていることが聞き取れなくて、How do you spell it? と尋ねたはいいが、L を O と聞き間違えた、なんてことがないようにしましょう。

I will の will が弱く発音された結果生じた I'll の発音も、この /l/ の影響を受け「アイル」からは程遠い「オイウ」や「オーウ」のように聞こえ、実際に学生に聞き取りをしてもらうと、oil や all と間違えることがあります。みなさんも注意してください。

📖 TとDは「ラ行」にも化ける

相手を黙らせるために発する言葉として「シャラップ！」という言い方があります。英語の Shut up! が語源のカタカナ語なのですが、「シャタップ！」ではなく「ラ」の音を使っています。

また、第 1 章で出てきた、Check it out! や Pick it up! も、そこに書

いてあった「チェキタウ（ト）」「ピキタッ（プ）」ではなく、「チェキ
ラウ（ト）」「ピキラッ（プ）」のように「ラ」の入った音に聞こえる
ことがよくあります。

　これはなぜでしょうか。

　shut という単語の語末の音は /t/ です。shut を単独で発音したり、
Shut the door, please. のように直後に子音で始まる単語が続く場合は、
前の章で見たように、「シャッ（ト）」となり、/t/ は聞こえないのが
普通です。

　ところが、shut up のような場合には、この /t/ は、後の母音とつ
なげて普通に「タ」「テ」「ト」の子音として発音されることも、「ラ
行」の子音で発音されることもあるのです。「シャラップ」というカ
タカナ語は、「ラ行」での発音を基にしたものです。ほかに、city は
「スィリー」、butter は「バラー」、kilometer は「カラーマラー」のよ
うに聞こえたりします。

　/d/ の音も、/t/ と同じような場所で「ラ行」に近く発音され、body
が「バリー」のように聞こえることがありますので要注意です。

　/d/ が「ラ行への変身」をとげた結果、latter と ladder、putting と
pudding のような単語が、どちらも「ララー」や「プリン（グ）」の
ように聞こえることがあります。日本語の「プリン」は、custard
pudding からカタカナ語化したものですが、この「ラ行化」した /d/ を
そのままカタカナにしたわけですね。

　では、/t/ と /d/ が「ラ行」子音のような発音になる条件を見てみ
ることにしましょう。まとめると次のようになります。

　（ア）Shut up! Check it out! Pick it up! のように、語末にあって、次
の単語が母音で始まる場合。

ほかの例として、Put it away. Get it? などがあります。また、straightaway, whatever, hideout のように、複合語の境目の場合もこれに準じます。

（イ）city のような語中の場合。

母音にはさまれているという点では（ア）と同じですが、後の母音にアクセントがない場合だけ起こります。上にあげた butter、kilometer、pudding などがこれにあたります。

先ほど Shut up! には「シャラッ（プ）」「シャタッ（プ）」の両方の発音があると書きました。これはほかの例についても同じで、「ラ行」にしない発音もあります。どちらが使われるかは、話のスピードや話し手個人の癖などに左右され、スピードが速く、丁寧度が低いほど「ラ行」になりやすいといえます。

Shut up! が「シャラップ」というカタカナ語になっているのは、この言葉が比較的乱暴な言い方で発せられることが多いからかもしれません。

この「ラ行化した /t/ と /d/」は、アメリカ人にはごく普通によく聞かれるものですが、私たち外国人学習者は真似をする必要はありません。普通に /t/、/d/ の音を使えば自然な英語として通じるからです。少し格式ばって聞こえる可能性もありますが、非母語話者としてはそれで十分でしょう。

発音自体は簡単なので、相手にくだけた印象を与えたいときや親しい相手との会話などで試してみるのもいいでしょう。ただし、単語の中でアクセントのある母音の前ではこの変化は起こりませんから、tea を「リー」、attack を「アラッ（ク）」のように発音してしまわないように気をつけましょう。

　注意したいのは、むしろ聞く側になったときです。自分が発音する場合には無視してもよいこの変化も、聞き取りをするときは知らないと戸惑うことになります。例えば、This is my friend, ベリー . と友達を紹介され、「えっ、Belly さん？ Berry さん？」と迷っていたら、実は Betty さんだった、ということがあり得ますから。

　「ラ行」音に聞こえても、母音間の場合にはすぐに /r/ か /l/ かと慌てるのではなく、ひょっとすると /t/ か /d/ の可能性もあると考えられるようにしておきましょう。

※では再び頭の体操を。ラ行に化ける /t/ と /d/ を頭に入れ、次のように聞こえたら何と言われたのか想像してみてください。

（1）ゲラッ！
（2）ジュゲリッ？
（3）Can I have a バローオワーラー？
（4）This ウィナー is cold.
（5）I don't ワナ go.

　（1）と （2）は、最後の子音が聞こえなくなるという第 1 章の復習を兼ねています。

　（1）は Get up! が正解です。

　（2）は骨がありましたね。正解は Did you get it?「分かったか？」です。どうして？せめて「ディジュゲリッ？」と言ってくれればいいのに……と文句のひとつも出そうなところですが、did の部分は非常に弱くあいまいに発音され、はっきりとは聞こえないことが多いのです。このあたりの話は次の章で詳述します。

　（3）の正解は bottle of water です。/t/ や /d/ の「ラ行化」は「ウ」や「オ」

に聞こえる暗いLの前でも起こり、bottle は「バロー」、little は「リロー」、middle は「ミロー」のように聞こえることがあります。もちろんわざわざラ行音を使う必要はなく、「バトゥー」「リトゥー」「ミドゥー」でかまいませんが、ぐっと（アメリカ）英語らしい発音になります。

ここでなぜ「ボロー」ではなく「バロー」になるのかと不思議に思う方もいるでしょう。hot や top は「ホット」「トップ」のように「オ」ではないかと思いがちですが、アメリカ英語の発音では、「ア」に聞こえることが多いのです。このことは第4章で取り上げますが、いずれにしろこの bottle は日本語の「ボトル」とはずいぶん違った響きになりますから、知っているのに聞き取れないことが多い単語です。

bottle of water の of はこれまた非常に弱く短く発音され、of の /v/ は発音されないのが普通です。また、water は /t/ がラ行に化けるのに加えて、最初の母音は「オー」に聞こえる母音 /ɔː/ のほか、「アー」に聞こえる /ɑː/ もあるため、これを使うと「ワーラー」の出来上がりです。

（4）はいわば抜き打ちテスト。「このウインナは冷めている」と考えた方は、残念ながら外れです。正解は、This winter is cold.「今年の冬は寒い」です。

/t/ はラ行に化けることもありますが、winter のように /n/ の後に現れると、雲隠れの術を使い、ほとんど消えてしまうのです。この結果、winter と winner は同じように聞こえます。この種の日本人泣かせの単語としてはほかに twenty があり、これは「トゥエニー」のように聞こえます。

/n/ の後の /t/ が聞こえないのも、比較的くだけた会話で多く起こる現象ですから、自分でわざわざ /t/ を落とす必要はありませんが、

聞いて想像できるよう慣れておかないと、「ジェノマン」や「レノー」が gentleman や rental という単語であることを見抜け（聞き抜け？）ません。

（5）は I don't want to go. です。会話における want to は非常に頻繁にこの「ワナ」のように発音されます。

英語では、同じ子音が2つ続くと1つに発音されます。そこで want の最後の /t/ と to の最初の /t/ が合体して1つの /t/ となり、さらに /n/ の後で消え去り、弱く「ア」のように読まれる to の母音が /n/ に続いて「ワナ」となるわけです。小説や歌詞などでは、この発音を示すために wanna という綴りが使われることがあります。

🗋 混じり合う音

ここまでは、音が単独で化ける例でした。次に、隣り合った2つの音が混じり合って、1つの別な音に変わってしまう現象を見ることにします。

まずは、単語と単語がつながって発音された場合に起こる現象から。/t d s z/ の後に、綴り字 y に対応する半母音の /j/ で始まる単語（you、year など）が続いた場合です（y で表される /j/ については 88、126 ページをご覧ください）。

（1）/t/＋/j/→/ʧ/

ウォンチュ（Won't you）have some more coffee?

（2）/d/＋/j/→/ʤ/

ディジュ（Did you）get back home late?

（3）/s/＋/j/→/ʃ/

I am finishing school ディッシア（this year）.

(4) /z/+/j/→/ʒ/

He slept late アジュージュウォ (as usual).

これは必ず起こるという種類の現象ではなく、丁寧に話しているときには起こらないこともあります。

(1)(2) の変化には親しんでいる読者の方も多いことでしょう。しかし、(3)(4) はどうでしょうか。

次は単語の中で起こる、音の混じり合いです。

/tr/、/dr/ は、/t/ と /r/、/d/ と /r/ をそれぞれ別に発音するのではなく、1つの音として発音します。

その結果 /tr/ は /ʧ/、/dr/ は /ʤ/ のようになって、try は「チュアーィ」、drink は「ジュイン（ク）」のようになります。発音するときは、/tr/ は /ʧr/、/dr/ は /ʤr/ のようなつもりで言うとよいでしょう。

※では最後にまた問題です。次のように聞こえたら、それは何と言っているのでしょう。

(1) レミーガイジュー .
(2) I'm ガナミッシュー .

(1) は Let me guide you. が正解です。Let の /t/ が補えましたか？

(2) は I'm going to miss you. 「君がいないとさみしくなるよ」ですね。きちんと聞き取れないと、もしかしたら口説かれているかもしれないのに、チャンスを逃しかねません。going to はしばしば「ガナ」のように発音され、綴りでは gonna と表すことがあるので、wanna とあわせて覚えてしまいましょう。

コラム

電話にはご用心

　筆者がアメリカに留学していたとき、ある全国紙の購読を申し込むために電話をかけました。住所と氏名を告げると、日本人の名前が珍しいのか、綴りを聞かれたので、T-A-K-E-H-I-K-O, M-A-K-I-N-O と言いました。M と N に関しては、34 ページのコラムにも書いたとおり、M as in Mary? N as in Nancy? と確認も入り、これで一安心。

　ところが数日後、届いた郵便の宛名を見てみると、何と、筆者の名前は Pakehiko Makino と綴られていたのです！パケヒコって誰！？

　なんとも情けない名前になってしまいましたが、電話のような音質の悪い通信手段では、こうなってしまう可能性はあります。何しろ /t/ と /p/ は同じ破裂の音ですし、後に続く母音も /iː/ で同じです。そしてさらに悪いことに、英語の /t/ と日本語の /t/ には微妙な違いがあるため、日本人が発音する T は、ますます英語の P に似てしまうのです。

　この体験以来、私は自分の名前の綴りを電話で言うときに、T as in Ted とつけ加えるようになりました。

　もっとも、最近は何でもインターネット上で文字入力すれば済むようになりつつあるので、電話で自分の名前を告げなければならない機会は少なくなりましたね。その代わり、電話受け付けが残っているサービスでは、人間ではなく合成音声と自動音声認識による対応になっていることが増え、以前より発音の正確さが問われるようになってしまいました。

第3章

英語らしさはリズムから

杉本淳子
Sugimoto Junko

「英語らしい」発音のひとつのカギはリズムです。母語である日本語のリズムがしみついている私たちにとって、英語という新しい言語のリズムを身につけるのは難しいことです。しかし、美しい音楽がリズムが狂ってしまうと台無しになるのと同じように、リズムに乗れていないとせっかく練習した英語も不自然で、理解してもらいにくくなってしまうのです。

実際にリズムが正しくない発話は英語話者には通じにくいという研究結果もあります。英語の発音・聞き取りでは、まず「英語のリズム」に乗ることを目指しましょう。

📖 まずは単語のリズムから！

みなさんは通じる・は・ず・と思っているカタカナ語が通じなかったという経験はないでしょうか？（太字を強く読んでみてください）

マスタード		**マ**スタッ（ド）
トランペット	ではなく	トラン**ペッ**（ト）
バニラ		バ**ニ**ラ
チョコレート		**チョ**コレッ（ト）

筆者も恥ずかしながら次のような経験があります。ロンドンのレストランで食後に友人と Darjeeling（紅茶の種類）を頼もうとしたときのこと。「**ダー**ジリン」とオーダーしてもウェイターに通じなかったのです。何度か繰り返した後でやっと「オー、ダー**ジー**リン！」と分かってくれたのですが……恥ずかしい気持ち半分、これくらい分かってくれてもいいじゃないか！という気持ち半分でした。

Darjéeling と発音するべきだったのです。このように英語として通

じるはずのカタカナ語が、強く読む位置を間違えて発音したために通じない例はたくさんあります。単語のどこを強く読むかは、みなさんが思う以上に重要な情報です。

英単語の中には最も目立つ音節が１つあります。このとき、この音節に「アクセント」（または「強勢」）があるといいます。ここでは chócolate、vanílla のように母音の綴りの上に /´/ をつけて示すことにします。

アクセントのある音節は他の音節よりも高く、強く、そして長く発音します。その結果、周りの音節よりも目立って聞こえるのです。反対にアクセントのない音節は低く、弱く、そして短く発音します。

もともと１つしか音節がない単語はアクセントの位置に迷うことはありません。しかし２音節以上の単語は、アクセントの位置をしっかり覚えておかなくてはいけません。

それでは単語内のアクセントの位置を予測する方法はあるのでしょうか。ひとつヒントになるのは接尾辞です。例えば -tion で終わる名詞は必ず -tion の直前の音節にアクセントがきます。imaginátion、repetítion、complétion などいくつか考えてみてください。接尾辞も役に立つのですが、長い単語のアクセントの位置を知る最も確実な方法は辞書を調べることです。特にカタカナ語として使われているため自分が知っていると思い込んでいる単語は要注意です！

日本語の単語にもアクセントはあります。東京方言の空から降る「雨」と甘いお菓子の「飴」はアクセントによる区別です。日本語ではこれを語のアクセント型と呼びます。英語と日本語の大きな違いはアクセントをどのように発音するかです。

英語の場合は、音節を高く、強く、長く発音することでアクセントの位置を示します。しかし日本語の場合、重要なのは語全体の音の高低のパターンです。例えば「雨」は（○ ○）（高低）ですし、「飴」

は（○○）（低高）です。

　次ページの図は英語の Cánada（左側）と日本語のカナダ（○○○）（右側）をそれぞれ母語話者が録音したものです。上の図では縦軸が強さを、横軸が長さを示しています。英語ではアクセントがある Ca の部分が次の na に比べて強く長く読まれ、音の強さはどんどん弱くなっていきます。それに比べて日本語ではカ、ナ、ダ、それぞれの強さと長さがそれほど大きく変化していません。

　次に下側のピッチ・カーブ（声の高さの変化）を比べてみてください。英語も日本語も最初の母音が高く始まる点では同じですが、英語では na のところで急激に下がります。全体として英語のほうが強さ、長さ、高さの点でずっと変化に富んだ印象があります。英語は「**ター**タタ」、日本語は「タタタ」というような感じです。

　私たちにとって英語話者の日本語が不自然に聞こえることがあります。典型例が「コン**ニー**チワ」や「アリ**ガー**トー」です。その理由は、まずアクセント型が間違っているためです。日本語（東京方言）では「こんにちは」は（○○○○○）、「ありがとう」は（○○○○○）というアクセント型を持っています。しかし、例えば英語話者の発音する「アリ**ガー**トー」では、「ガー」のところで音の高低の変化があり、違うアクセント型を持っているように聞こえてしまうのです。

　不自然に聞こえるもうひとつの理由は、彼らが必要以上に1つの音節を強く、長く発音している点です。日本語では主に音の高低の変化だけでアクセント型を示せば済むにもかかわらず、母語である英語のアクセントを日本語を話す際にも使っているのです。

　ちょうどこれと反対のことが、私たちが英語を話すときに起こります。例えばカタカナ語の「デリケート」のアクセント型は（○○○○○）、「ゴリラ」のアクセント型は（○○○）です。音

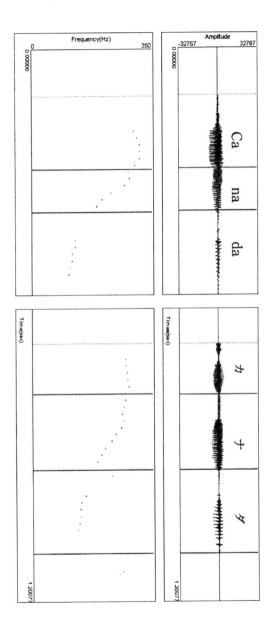

英語 "Canada" と日本語「カナダ」の比較

が下がる場所にアクセントがおかれたように聞こえてしまい、おそらくこのままでは英語話者には通じないでしょう。

英語では délicate は第1音節に、gorílla は第2音節にアクセントがあります。さらに音の高低のみに頼るのではなく、アクセントのある音節全体を強く、長く、はっきりと発音することにも注意が必要です。カタカナで表すなら「デリケッ（ト）」「ゴリラ」となるでしょう。特にアクセントのない音節を弱く、短く発音することに注意してみてください。

単語を発音する際、もちろんひとつひとつの母音や子音も重要ですが、実際の会話ではそれと同じくらい単語の中でどこを強く発音するかも大切なのです。

ひとつひとつの音がいくら英語らしくても強く発音する位置を間違えると不自然に聞こえるだけでなく、意味が伝わらないこともあります。

反対に、ひとつひとつの音はそれほど英語らしくなくても、強く発音する位置さえ間違えなければ伝わることもあるのです。「ゴリラ」の「リ」を /r/ で発音できなくても、「ゴリラ」といえば通じる可能性は高いのです。

単語を「英語らしく」発音する第一歩は、アクセントの位置を間違えないこと、そしてアクセントのある音節は高さを強調するだけでなく強く、長く発音することです。

📖 「強い単語」と「弱い単語」──英単語を2つに分類

ひとつの単語の中に強く発音する音節と弱く発音する音節があるのと同じように、文の中にも強く発音する単語と弱く発音する単語があります。

 ※次の文を実際にアクセント記号に従って声に出して発音してみて
ください。アクセント記号がついてない音節は弱く読みます。

Máry has been **téach**ing **Éng**lish in Ja**pán** for **fíve yéars**.

My **fá**ther is **léav**ing for **Lón**don to**mór**row.

He **cáme** to our **hóuse** and be**gán** to **crý**.

　文中のアクセントの位置には一定の規則があります。上の３つの
文の中で強く発音する単語と弱く発音する単語を分類して考えてみ
ます。それぞれのグループに何か共通点は見つけられますか？

「強い単語」

Mary, teaching, English,
Japan, five, years,
father, leaving, London,
tomorrow, came, house,
began, cry

「弱い単語」

has, been, in,
my, is, for, he,
to, our, and

各グループの共通点は、「強い単語」はそれ自体が意味を持つ単語、「弱い単語」はそれ自体に意味があるというよりもむしろ文法的役割を果たす単語が多いということです。「強い単語」と「弱い単語」を品詞に基づいて分類すると次のような傾向があります。

「強い単語」
名詞・動詞・形容詞
副詞・数詞・間投詞
不定代名詞・所有代名詞
指示代名詞・疑問詞
助動詞の否定縮約形

「弱い単語」
冠詞・接続詞
前置詞・人称代名詞
関係代名詞
助動詞・be動詞

　「強い単語」は名詞、動詞、形容詞、副詞など情報を伝える上で重要な語です。反対に「弱い単語」は文章を組み立てる上では重要ですが、その語自体の意味はそれほど大きくありません。つまり、コミュニケーションの上で重要な単語は目立ち、それほど重要でない単語は目立たないという非常に合理的な規則があるわけです。

　「弱い単語」でも意味の上で重要になると発音の上でも格上げされて強く発音されます。

※次の文をアクセントに従って読んでみてください。

Téll me **whére** he's **tráv**eling **<u>fróm</u>,**

nót whére he's **tráv**eling **<u>tó</u>**.

（彼がどこ<u>へ</u>行くかではなく、どこ<u>から</u>来るか教えてください）

　下線部の from と to は「弱い単語」の代表格である前置詞のため、通常はアクセントがおかれません。しかし上の例ではアクセントがおかれています。その理由は、この文では「どこ<u>へ</u>行くかではなくどこ<u>から</u>来るか」という対比の意味で from と to が非常に重要な語として使われているためです。情報の上で重要な単語が強く発音されるという規則はここでも保たれています。

📖「弱い単語」の正体と発音のコツ

※次の２つの文を下線部に注意して読んでみてください。

(a)　I have <u>two</u> things <u>to</u> do.
(b)　I want to reserve a table <u>for</u> <u>four</u>.

　(a) の前置詞 to と数字 two、(b) の前置詞 for と数字 four を同じように発音しませんでしたか？
　まず数詞（two と four）は「強い単語」、前置詞（to と for）は「弱い単語」であることを思い出してください。正しくは two は「**トゥー**」に対して to は「**トゥ**」、four は「**フォー**」に対して for は「**フォ**」と

いうように両者の発音は微妙に異なります。to と for を短く、力を抜いて発音するのがコツです。

　to と for のような「弱い単語」は、もともと2種類の発音を持っています。弱くいうときに使う弱形と、強くいうときに使う強形です。「弱い単語」は特別な理由がなければ弱形で発音されます。

　強形とは「弱い単語」が特別に強調されたときの発音です。to と for でいうならば、デフォルトである弱形が「トゥ」と「フォ」、強形「**トゥー**」と「**フォー**」は数字の two と four とまったく同じ発音です。

　「弱い単語」の発音の大前提は力を抜いて弱く発音することです。また母音の長さが短いという特徴もあります。to が「トゥ」、for が「フォ」となるのと同じように、she は「シ」、he は「ヒ」、you は「ユ」というくらいに短く発音しましょう。

　「弱い単語」には音の省略が見られるという特徴もあります。his、her、have（助動詞）では h が省略されることがあります。例えば I told her. は「アイトゥドハー」ではなく「アイトゥダー」と聞こえます。ほかにも and では d がなくなったり、さらには a も省略されて、n だけで発音されたりすることがあります。「ロックンロール」はもとは rock and roll ですが綴りの上でも a と d が省略されるため rock 'n' roll と書きます。

　音の省略の結果、複数の語が同じ発音となることがあるため要注意です。h が省略された his と is、have と of、d が省略された and と an はまったく同じ発音です。しかしなんといっても「弱い単語」の発音の最大の特徴は、母音があいまいに発音されることです。

　それではいったい「あいまいな母音」とはどんな音なのでしょう。

▢ 「あいまいな母音」は発音と聞き取りのカギ

コナン・ドイルの「踊る人形」（シャーロック・ホームズ）やエドガー・アラン・ポーの「黄金虫」には英語の暗号解読が登場します。アルファベットひとつひとつが人形や数字／記号と対応する暗号を探偵が解くのです。両者とも、英語の綴り字では e が最も頻度が高いという知識から、e をきっかけに暗号を解読するのです。

これを発音に置き換えてみます。英語の音、例えば発音記号が暗号化されたとして、最も頻度が高く解読のきっかけになるのはどの音でしょうか？

答えは「あいまいな母音」、弱母音の /ə/ です。英語の中では /ə/ が最も頻度の高い音です。イギリス英語の調査では、/ə/ がすべての音の約 10% を占めるという結果が出ています（G. Knowles 著 1987 年出版 *Patterns of Spoken English*）。

この調査では母音がすべての音の約 40% を占めるという結果が出ていますので、母音のうちなんと約 4 分の 1 が /ə/ ということになります。英語には 20 種類以上の母音があることを考えると、これはかなり高い割合です。

/ə/ にはシュワー（schwa）というなんとも涼しげな名前がつけられています。音声学の本を読むと、/ə/ の発音は次のように解説されています——「舌や唇に力をいれず、通常の呼吸をする構えで声を出したときの音」。日本語では「ア」で置き換えることが多いのですが、厳密にいうと /ə/ は日本語のどの母音とも違う音色を持っています。例えば **a**、**an**、**and**、**can**、**must**、**but**、**from**、**of**、**them**、**the**（子音前）の母音はすべて /ə/ です。

/ə/ の親戚としては /ɚ/「かぎ付きのシュワー」があります（詳しくは 80 ページを参照ください）。これは舌をそり返らせて /ə/ に r の

音色を加えた音で、**for**、**or**、**her**、**were**、**are** などの母音です。綴り
にも r が入っています。

　私たちの耳には 2 つの「あいまいな母音」、/ə/ と /ɚ/ はよく似て聞
こえます。「あいまいな母音」の最大の特徴は長さが非常に短いとい
うことです。まずは短く発音することから始めましょう。

❖次のような話があります。ある日本人がアメリカのレストランに
　行ったときのことです。メインの料理を注文した後、ウェイター
　が聞きました。

Would you like スーパー salad?

　スーパーサラダ？？？　日本人客はこの「特別なサラダ」とはいったいどんなサラダか考えました。

　……実はスーパーサラダとは super salad ではなく、soup or salad だったのです。この２つのフレーズはまったく同じように発音されます。super の -er の部分と soup or salad の or が「あいまいな母音」です。soup の語尾の p と or がつながり「パー」と聞こえるのです。

❖ここでクイズです。次の文にも「あいまいな母音」が多く登場します。それぞれどの単語と対応するか解読してみてください。

　One /ɚ/ two /ə/ them /ɚ/ going to be here within an hour and /ə/ half.

　正解は、One or two of them are going to be here within an hour and a half. です。

　発音記号は順番に or、of、are、a と対応します。テンポの速い会話では of の /v/ が省略され冠詞 a と発音が同じになることがあります。

　それでは実際に英語話者はこの４つの単語をどのように区別しているのでしょうか？微妙な発音の差はもちろんあるでしょうが、おそらく文法知識や文脈を利用しながら聞き取りを行っているのでしょう。ですから私たちも of が「オヴ」、or が「オア」とはっきり聞こえることを期待していては、いつまでたっても聞き取りはできないのです。最も登場回数の多い「あいまいな母音」をどう扱うかに、英語の発音と聞き取りの秘訣が隠されているのかもしれません。

📖 脱・日本語マシンガンリズム

　音楽にリズムがあるように、言語にもリズムがあります。そして英語のリズムはアクセントと深い関係を持っています。そのため文中のどの単語にアクセントをおくかは、文を正しいリズムで発音するための基盤となります。

❖次の文を声に出して読んでみてください。

　例文の下の丸は音節と対応します。大きい丸（●）がアクセントのある強音節、小さい丸（・）は弱音節を表しています。アクセントの位置を縦線で区切ってあります。読む際、手を一定のリズムで叩き、文中のアクセント（●）と手を叩く箇所が一致するようにしてみてください。

Máry | **sáys** she | **wánts** to | **sée** him.
● ・ | ● ・ | ● ・ | ● ・

　英語のリズムはアクセントがほぼ等間隔に現れるという特徴を持っています。上の文ではちょうど強音節と弱音節が交互に現れるため、アクセントを手拍子に合わせて等間隔に発音するのはそれほど難しくなかったと思います。ただ実際は、いつもこのように都合よく強音節と弱音節が規則的に交替するわけではありません。

❖次の文も同じように手を叩きながら読んでみてください。

Máry has been | **téach**ing | **Éng**lish for | **fíve** | **yéars**.
● ・ ・ | ● ・ | ● ・ ・ | ● | ●

　今度は強音節の後に続く弱音節の数が同じではないため、前の文よりも少し難しかったはずです。アクセント同士が隣り合うこともあれば、弱音節がいくつか続くこともあります。

　アクセントを等間隔に保つためには、アクセントの後ろに弱音節がたくさん続くときは弱音節をなるべく素早く発音しなければいけません。反対にアクセントが隣り合う場合は、音節を比較的ゆっくりと発音する必要があります。話者はアクセントを等間隔に保つために母音の長さをコントロールするのです。

　より簡単にアクセントを等間隔に保つことができるように、英語では強い音節がなるべく連続することがないように工夫が見られます。そのひとつがアクセント移動です。

※次の 2 つの thirteen のアクセントパターンを比べてみてください。

One, two, three, ... twelve, thir**téen**.
　　　　　　　　　　　　　●　　　・　●

There are **thír**teen people here.
　　　　　　　●　　・　　●　　・

　1 つ目の thirteen （・●）は単独で発音されたときと同じように第 2 音節にアクセントがおかれます。しかし 2 つ目の thirteen （●・）はすぐ後ろのアクセントとの衝突を避けるためにアクセントが第 1 音節に移動します。このようなアクセント移動の結果、強い音節が連続することを避けることができ、アクセントがより等間隔にくることを助けるのです。

　世界の言語のリズムは大きく 2 種類に分けることができるといわれています。ひとつがアクセントが等間隔に現れる傾向のあるリズ

ムで、英語がこの代表格です。英語のほかにはドイツ語やロシア語
がこのリズムを持っているといわれています。

　もうひとつは音節がほぼ等間隔に現れるリズムで、日本語はこの
グループに属します。英語の場合と同じように音節を（・）で表す
と次のようになります。

　　ことしも　よろしく　おねがいします。
　　・・・・　・・・・　・・・・・・・

　日本語のリズムは各音節の長さがほぼ一定で、似たような長さの
音節が連続するため、マシンガンに例えられます。日本語のほかに
はイタリア語やフランス語がこのリズムを持つといわれています。

　以前、日本語をまったく話せないスペイン人の友人が筆者のとこ
ろに「日本語の真似ができる」と言ってやってきました。彼の披露
してくれた日本語の真似は「アタタタタタ」と「カタカタカタ」。確
かに日本語はマシンガンのように聞こえているのだなあ、と思わず
笑ってしまったことを覚えています。

　音楽で例えるならば、英語と日本語は違うジャンルに属すると言
えるのかもしれません。

📖 英語リズム習得への初めの一歩

　私たちが英語を話すときに母語である日本語のリズムの影響を受
けるのは当然です。まず単語の中、そして文の中でどの音節を強く、
どの音節を弱く発音するかしっかり区別することが大切です。

　強弱の区別は英語の文を英語らしいリズムで発音する際の基本で
す。発音練習は強音節と弱音節が規則的に現れる文から始めるとよ

いでしょう。

※まず手始めに強音節だけで構成される文を読んでみてください。

Tom likes dogs.
Tom can't run fast.
Tom came back late last night.

　各音節の長さが比較的そろい、日本語のマシンガンリズムと似ています。（ただし、英語話者が発音すると、やはり強弱のリズムを少し感じるかもしれません。）

※次は強音節と弱音節が交互に現れる文です。

Nice to **meet** you.
Mister **Smith** de**cid**ed **not** to **work** to**mor**row.
Bob will **make** a **car**rot **cake** for **Mar**y.

A **cup** of **tea**
I **bought** a **new** gui**tar**.
I **want** a **glass** of **wa**ter, **please**.

　特に注意が必要なのは弱音節の発音です。英語を母語とする人が

読む英文の弱母音と、日本人学生が読む英文の弱母音の長さを測定し比べる実験をしたところ、日本人学生が弱母音の長さを十分に短く発音できていないことが分かりました。

弱母音を短く発音できないということは、弱音節の長さと強音節の長さの差が小さくなることを意味します。つまり、各音節の長さが均一になってしまうわけです。

結果として、日本人学生の読む英文は、各音節の長さがほぼ同じであるマシンガンリズムになってしまうことになります。英語を話すときに、母語である日本語リズムの干渉が起こるのです。

私たちは自分で思っている以上に、意識して「弱母音を短く発音する」ことが大切です。強弱交替のリズムに慣れた後、徐々に弱音節の数を増やしていくとよいでしょう。

❖次の文では弱音節が2つ続いています。弱音節が続く部分をより素早くつなげて発音する練習を繰り返しやってみましょう。

● ・ ・

When did you **vis**it her?

This is a **pres**ent for **Jen**nifer.

Sally is **tak**ing some **pic**tures of **el**ephants.

・ ・ **●**

You should **go**.

Can you **an**swer the **door**?

Could you **tell** me the **way** to the **bank**?

英語の歌を覚えることも効果的な練習法です。歌ではメロディが

待ってはくれませんので、自然と弱音節部分を素早く発音する練習ができるからです。

「強い単語」を聞き逃すな！

　最後に、聞き取りの上で注意すべき点を見ていきましょう。すでに述べたように、英語ではコミュニケーションの上で重要な単語は強く、それほど重要でない単語は弱く発音されるという規則があります。

　聞き取りの大原則はまず重要な意味を持つ「強い単語」を正確に聞き取ることです。

　実際に英語の授業でディクテーションをしてみると、「強い単語」は目立つだけあって比較的よく聞き取れていることが分かります。

　例えば、Do you have any double rooms open for tonight? という文のディクテーションで、学生の正答率が高かったのは double、rooms、open、tonight の４語でした。これはまさにアクセントのおかれている「強い単語」と一致します。

　実際の会話では、すべてを聞き取れることが理想ですが、最も大切なのは「強い単語」を正確に聞き取ることです。ただし語の発音やアクセントパターンを正確に覚えていないと知っているはずの単語でも聞き取れないので要注意です。

※次の文では弱音節部分を隠してあります。この文の意味を考えてみてください。

Come 　　　 see 　　　　　 new house.

　おそらく「新しい家、見る、来る」あたりまでの意味は想像できると思います。「強い単語」さえ聞き取れれば、おおまかな意味を読み取れることはよくあります。ちょうど日本語で「てにをは」がはっきりと聞こえなくても文の意味が理解できるのと一緒だと考えてください。

　目立たない単語が非常に聞き取りにくいのは当たり前です。弱くあいまいに発音されているのですから。実際にみなさんが英語を聞く上で聞き取りづらい、あるいは聞き取れないと思っている部分は、文中の「弱い単語」です。なんだかごちゃごちゃ、ぼそぼそ早く言っていて聞き取れないという経験があるはずです。

　それでは英語話者はすべてを完璧に聞き取っているのでしょうか？英文の中の弱音節だけを切り取って、その部分だけを英語話者に聞いてもらう実験をしてみます。

　先ほどの例を使いましょう。▨▨▨で隠れた部分がそれぞれ and と us at our と対応し、文全体は Come and see us at our new house. であるとします。

　すると、実は英語話者であっても弱音節だけを抜き出して聞くと何を言っているのか聞き取れない場合があることが分かります。これは何を意味しているのでしょうか？

　もちろん英語が母語であるため、私たちよりも敏感に弱音節部分を聞き取る能力があるはずです。しかし実はそれ以上に、弱音節の聞き取りは「強い単語」の聞き取りに依存しているのです。

　「自然な速さの英語の聞き取り」はリスニングの最大目標です。聞き取れない単語にいつまでもこだわっていてはリスニングは上達しません。

Come **and** see ✂ **us at our** ✂ new house.

（文から弱音節部分を抜き出す）

⬇

/əsətɑə-/

（この部分のみを英語話者に聞いてもらう）

⬇

大原則として、意味の上で重要な「強い単語」をしっかり聞き取りましょう。文全体の意味は聞き取れた単語から推測することを試してみてください。

　次のレベルが「弱い単語」の聞き取りです。聞き取りにくい「弱い単語」を正確に聞き取るためには、文脈や文法知識が不可欠であることを忘れてはいけません。例えば Come /ən/ see us... の /ən/ が an ではなく and だと分かるのは文法知識です。

　そして、「弱い単語」がはっきりと発音されることを期待していてはいつまでたっても聞き取れるようになりません。何よりも「弱い単語」を聞き取るためには自分自身も「弱い単語」を弱く発音できることが大切なのです。

コラム

ホワイトハウスに住みたい……

クイズです。「どんな家に住みたい？」と聞かれ、「ホワイトハウス」と答えた2人の人がいました。Aさんは「**ホワイト**」を強く、Bさんは「**ハウス**」を強く発音しました。両者の意味の違いが分かりますか？

答えは、Aさんが住みたいのは「アメリカ大統領官邸」、Bさんが住みたいのは「白い家」。

文字の上ではWhite Houseとwhite houseのように大文字で区別ができますが、通常の会話は音声のみですからアクセントパターンの違いに頼るしかありません。

このように母音や子音の構成はまったく同じでも、アクセントパターンによって意味が変わる語句があります。前を強く読むのがWhite Houseのような複合語、後ろを強く読むのがwhite houseのような形容詞＋名詞の名詞句である傾向があります。

ほかにも「グリーン**ハウス**」なら「緑の家」、「**グリーン**ハウス」なら「温室」。「イエロー**ジャケッ（ト）**」なら「黄色いジャケット」、「**イエロー**ジャケッ（ト）」なら「すずめばち」です。「ウーマン**ドクター**」なら「女医」ですが、「**ウーマン**ドクター」だと「婦人科医師」で、女性とは限りません。「ホワイト**ハウス**（白い家）」に住むのは実現できそうな夢ですが、「**ホワイト**ハウス（アメリカ大統領官邸）」に住むのはかなり遠い夢ですね。

第4章

英語の音、最低限これだけは

髙木直之
Takagi Naoyuki

これまでの３つの章でカバーした内容をマスターすれば、かなり英語らしい発音ができ、聞き取りの力もアップするはずですが、最後にまだ大きな難関──日本語にない音が待ち構えています。

　「/r/ でも /l/ でも日本語のラ行音でいいじゃないか。文句があるならシラミでもなんでも持ってこい！」

　とお考えのあなた、ぜひ本章を最後まで読んでみてください。日本語話者が最低限マスターしておけばよいと思われる音にターゲットをしぼり、その発音のコツを紹介します。どうせ無理だと最初からあきらめてはいけません。それどころか、発音に限っていえば、ほぼ確実にマスターできるのです。

▭ カタカナ発音の限界

　私たち日本語話者にとって紛らわしい英語の音の代名詞といえば、なんといっても /r/ と /l/ でしょう。英語の授業中に right、light のような例を続けて聞かされ、「どこが違うんだっ！」と途方に暮れたことのある読者も少なくないはずです。１人指名されて発音を命じられ、うまく言えなかった体験がトラウマとして残っている方もいらっしゃるかもしれません。

　しかし残念なことに、私たちにとって似たように聞こえてしまう英語の音は、/r/ と /l/ のほかにも山ほどあります。例えば best と vest は「ベスト」、sank と thank は「サンク」、sea と she は「シー」、heart と hurt は「ハート」、year と ear は「イヤー」のように聞こえますし、hat、hut、hot は３つとも「ハット」と似ています。

　このような事態が生じるのは、ひとえに英語で意味を区別するために使われている音が、日本語にないためです。そこで次のような単語を日本語として覚えていても、いざ英語で言うとなると、困っ

たことになります。

❖読み進む前に、それぞれの単語が英語でどのように発音されるか、
　考えてみてください。

　(1)　シンデレラ　　　(2)　バニラ
　(3)　ハリケーン　　　(4)　マシーン

　(1) は Cinderella /sìndərélə/ で、「シ」は英語の /s/ で始まり、「レラ」
の部分は「レ」が /r/、「ラ」が /l/ に対応します。日本語式の「シン
デレラ」では、最初の子音が /ʃ/ に化け、アクセントの位置が違うの
で、おそらく通じないでしょう。

　(2) は vanilla /vənílə/ で、/v/ で始まり「ラ」の部分は /l/ になり
ます。この単語は第3章でアクセントの位置に注意する語として
取り上げましたが、/v/ と /l/ を正しく記憶していましたか？日本語
の「バ」を使って「バニラシェーク」を注文したら、Sorry, we don't
have banana shake. と断られた人がいたそうですが、本来の /v/ を /b/
と発音してしまったために、vanilla が banana に化けてしまったわけ
です。

　(3) は hurricane /hə́ːrəkèin/ で、最初の「ハ」の部分の母音は /əː/ で、
hat の /æ/ でも hut の /ʌ/ でもありません。「リ」の部分は /r/ で始まり
ます。

　(4) は machine /məʃíːn/ で、「シ」の部分は、(1) の「シンデレラ」
の場合と違い、日本語の伝統的な「シ」と同じ /ʃ/ で始まります。

　日本語で「ア」のように聞こえる音に、すべて英語の /æ/ をあて
たり、「シ」のように聞こえる音に /s/ を使って「スィ」のように発
音してしまう人が時折見受けられますが、彼女の she を「スィー」

と発音したのでは、sea か see となり意味が変わってしまいますし、hurricane の最初の母音を /æ/ にしたり、machine を「マスィーン」のように発音したのでは、私たちの耳にはなんとなく英語らしく響いても、英語としては奇妙な発音になってしまいます。英語に maseen という単語はありませんから、「マスィーン」のように発音されると、ちょうど日本語で「マジーン」と言われたようなもので、意味を理解するのに手間取ることになります。

このように英語で意味を区別するために使われている音を正しく発音することは、大変重要なのです。

母語に「い」と「え」の区別がなく、すべて「え」のように発音する日本語学習者がいたと仮定しましょう。すると「胃が痛いのでいろいろな医者に診てもらった」は、「えがえたえのでえろえろなえしゃねめてもらった」のように発音されることになり、かなり理解に困難が生じます。「胃」と「絵」がともに「え」と発音され区別が失われ、「痛い」は「えたえ」という得体の知れない単語に化けてしまいます。

📖 「通じる」英語のために

英語が日本語にない音を使って意味を区別している以上、日本語の音だけを使ってカタカナ式に英語を発音していたのでは、どうしても同じことが起こってしまいます。そこで「通じる」英語を話すためには、英語で意味の区別をするために使われる音を知り、これを単語の中で正しく発音することが必要なのです。

この際、非常に役に立つのが綴り字です。綴りが r なのに発音は /l/ などというとんでもない単語は英語にはひとつもありません。/b/ と

/v/ の違いも綴りを見れば100％分かりますし、綴りが s なら /s/、sh なら /ʃ/ です。母音の場合は例外が多いので多少厄介ですが、hat と hut、bat と but に見られるように、「a ＋子音字1つ」で単語が終われば /æ/、「u ＋子音字1つ」で単語が終われば /ʌ/ という規則は、母音にアクセントがあればほぼ例外はありません。

　綴り字と発音の関係は第5章にゆずるとして、本章では日本語話者にとって紛らわしい母音や子音がどのように発音されるかについて述べることにします。なぜなら同じに聞こえてしまう音を正しく区別して発音するには、その音がどのように発音されるかを知り、舌や唇をその通りに動かす練習をするのが一番の早道だからです。

　ただやみくもにネイティヴスピーカーが録音した音声を聞き、後について発音しただけでは、もともと同じように聞こえてしまう音なのですから、効果は望めません。まずは、母音から始めましょう。

📖 長さ vs. 音色

　英語の beat と bit や pool と pull は、私たちの耳には「ビート」と「ビット」、「プーウ」と「プウ」のように母音の長さが違って聞こえます。日本語では母音の長さが、意味の違いを表すのに使われるので、私たちの耳はその違いに敏感に反応するわけです。

　例えば「おじいさん」と「おじさん」、「おばあさん」と「おばさん」は、それぞれ「い」と「あ」の母音の長さの違いで区別されています。第1章で顔を出した「大きな古時計」の中の、「お<u>じい</u>さんのとけい」と「ご<u>じ</u>まんのとけいさ」の部分を口ずさんでいただければ、その違いは明らかになるはずです。

i: vs. **ɪ**

1980 年代のマイケル・ジャクソンのヒット曲に、"Beat it!" という題名の歌がありましたが、そのサビの部分は、「ビーティーーーーート」のように歌われ、it の母音のほうが遥かに長く発音されています。「おじさん」の「じ」の部分を長く伸ばして歌ったとしたら、日本語では確実に「おじいさん」になってしまいますが、英語では it を長く伸ばして歌っても、eat にならないのです。

これは母音の長さではなく音色が eat の /iː/ と it の /ɪ/ を区別しているためです。/iː/ のほうは日本語の「イ」を長く伸ばした「イー」と同じなのですが、/ɪ/ を日本語の短い「イ」で代用してはいけません。/iː/ と取られる可能性が高くなります。

日本語で「家」と言ってみてください。「イ」から「エ」に移る際にはあごが下がり、口がより大きく開けられていることに気がつくでしょう。英語の /ɪ/ はちょうど「イ」から「エ」に移る際の中間あたりの口の開きで発音される音です。「イ」と「エ」の中間の音を出すつもりで、練習してみてください。

また聞き取りの際には、短い /ɪ/ が日本語の「エ」に聞こえ、hid が head（ヘッド）に、bit が bet（ベット）のように聞こえることがあります。このことに注意して、「アレルベッ」のように聞こえた英語が、どんなものか考えてみてください。「レ」を「リ」、「ベッ」の部分は母音を「イ」に替え、最後の子音を補って、「ビット」つまり A little bit. ではないかと想像できるようになることが大切です。

uː vs. **ʊ**

次に英語の pool の /uː/ と、pull の /ʊ/ ですが、ここでも英語では母音の音色が区別の決め手です。

/iː/ と /ɪ/ の場合と違い、今度は長い /uː/ のほうの発音に注意が必要です。日本語の「ウ」と「ウー」は、方言によって多少の違いがありますが、英語の /uː/ と比べると唇をあまり丸めずに発音されます。そこで短い /ʊ/ は日本語の「ウ」で代用してかまわないのですが、長い /uː/ は、唇を丸めて突き出して発音するよう心がける必要があります。

また短い /ʊ/ は、私たちの耳にはときに「オ」のような響きを持ち、book が「ボッ（ク）」のように聞こえることがあるので、注意してください。

3種類の「ハット」

英語の hat、hot、hut はどれも「ハット」と聞こえることがあります。

ɑ

hot は「ホット」だろうと思う方がいらっしゃると思いますが、アメリカ英語の hot の母音 /ɑ/ は、日本語の「ア」より大きく口を開けて発音されるため、「ホット」と聞こえることもある一方で、「ハット」と聞こえることも多いのです。そこで hot、top、lot といった単語に対して、「ホット」「トップ」「ロット」のようなイメージを持っていると、「ハッ（ト）」「タッ（プ）」「ラッ（ト）」のように聞こえた場合に、途方に暮れることになるので注意してください。

発音の際には、日本語の「オ」で代用することなく、「ア」より大きく口を開けて発音するつもりでやるとうまくいきます。「o は大きく口を開ける」と覚えてください。

æ

　次に hat の母音 /æ/ の発音ですが、日本語で「エ」と言いながら、あごを徐々に下げていくとこの音が出せます。この母音が /k/ や /g/ の後に出てきた場合は、cat「キャッ（ト）」や began「ビギャン」のように「キャ」や「ギャ」と聞こえるので、「カット」や「ビガン」と聞こえる cut や begun と区別するのはやさしくなります。またこの母音は話し手によっては日本語の「エ」に近く聞こえ、pat や bad を pet や bed と聞き違えることがあるので、注意してください。

ʌ

　最後に hut の母音 /ʌ/ ですが、日本語の「ア」ほど口を開けないで、短く「ア」と言うつもりで発音するとうまくいきます。アメリカ英語では、hut と hot、shut と shot、putt と pot のように、綴り字 u で表される /ʌ/ と、o で表される /ɑ/ の母音の聞き分けが、私たちにとっては非常に困難です。2つの母音が物理的にも非常に似ていて、ともに日本語の「ア」（ときには「オ」）に近く聞こえることが多いせいですが、前後の音が同じなら、/ɑ/ のほうが /ʌ/ に比べて長く発音されることを覚えておくと、多少は役に立つでしょう。

　ここで紹介した「ア」のように聞こえる3つの母音を、すべて日本語の「ア」で代用すると、当然のことながらコミュニケーションに支障が出てきます。

　ガソリンスタンド（ちなみにこれは和製英語でアメリカでは gas station と言います）で地図を買いたかったある日本人観光客は、Do you have a map? と尋ねました。Yes. とにこやかに答えた店員さんは

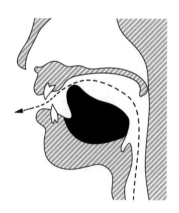

店の奥から mop を手に戻って来たそうです。

　これは本当にあった話ですが、map の母音をうまく発音できず、mop と理解されてしまったために起こった悲劇（喜劇？）です。

　このような事態を避けるために、綴り字を大いに参考にして、a は「エ」と「ア」の中間、o は大きく口を開けて「ア」、u はあまり口をあけずに短く「ア」と意識して区別する練習をつんでください。

📖 2 種類の「ハート」

　みなさんは heart と hurt を区別して発音していますか？どちらも私たちの耳には「ハート」のように聞こえるのですが、英語でははっきりと区別されています。heart は、口を大きく開けて「ア」と発音した後で、図のように舌先を反り返らせるとうまく発音できます。一方 hurt は、舌の構えを最初から図のようにしてください。

[r の舌のかまえ]（研究社『新英和大辞典』「発音解説」より）

🔊

図のように発音される母音には [ɚ]（hooked schwa「かぎつきのシュ

ワー」という名前まであります）という記号が使われるので、本書
では heart の母音を /ɑɚ/、hurt の母音を /ɚː/ で表しています。/ɑɚ/ が
[ɑ] から [ɚ] へと変化する母音（二重母音）であるのに対して、/ɚː/
のほうは途中で舌の構えを変えず [ɚ] を長く発音することを、長音
符号 /ː/ を使って示しています。ちなみにこの /ɚː/ を弱く短く発音し
たのが、第 3 章（57 ページ）で説明した「あいまいな母音」/ə/ です。

　綴り字 r があることからも分かる通り、実は図は /r/ の発音のとき
の舌の構えと同じなので、まずこの音を出す練習をしてください。

　口を閉じた状態から、少し口をあけて声を出してみてください。
それがだいたい [ə] の発音です。この音を出しながら舌先を反り返
らせるとともに、唇を少し丸めて突き出してみてください。母音の
音色が変化することが分かりますね。これが [ɚ] の音です。

ɑɚ vs. ɚː

　この音さえつかめばあとは簡単です。/ɑɚ/ の場合は口を大きく開
けて「ア」と言ってからこの [ɚ] に移ればいいのです。car、bar な
ど最後に子音が無い単語を使い、音色が変わる点を確認しながら練
習してください。

　/ɚː/ では、くどいようですが、最初から舌を反り返らせ、途中で
音色が変わらないことを確認しながら、sir、her といった単語で練
習してみてください。

　この 2 つの母音を表す綴り字ですが、基本的に /ɑɚ/ には ar、/ɚː/
には ir、ur、er、ear が対応します。heart と綴って /hɑ́ɚt/ と読むのは
実は数少ない例外で、ear の後に子音字が続く場合は、learn、pearl、
early のように /ɚː/ と読むのが規則的発音です。

☐ 3種類の「コート」

　「ア」に聞こえる母音が3つ、「アー」が2つと続いてどうやら「オー」にも3つあるらしいと分かれば、「オーマイガッ！」と叫びたくなる気持ちももっともですが、これで日本語話者泣かせの母音も最後です。あきらめずに頑張ってください（ちなみに「ガッ」の部分の英語は God ですが、hot と同じ母音 /ɑ/ が「ア」に聞こえ、最後の子音が聞こえなくなることを表しているいい例です）。

　みなさんは、coat、caught、court をきちんと区別して発音していますか？いずれも中学校で教わる基礎的な単語ですが、どれもなんとなく「コート」のように発音している人が多いので、注意しましょう。

oʊ

　まず coat の母音は日本語の「オ」とほぼ同じ音から、軽い唇の丸めをともなった「ウ」の音へと変化する二重母音で、[oʊ] という記号で表されます。「オ」と言ってから軽く「ウ」を添えるようなつもりで発音するとうまくいきます。この母音は、go、rope、home などの単語では綴り字 o、boat、coat、road などでは綴り字 oa、low、snow などでは ow に対応します。

ɔː

　次に caught の母音ですが、これには [ɔː] という記号が使われ、[oʊ] と違って途中で音色が変化しません。かなり唇の丸まった「オー」を使う人もいますが、中には口を大きく開け、かなり「アー」に近

い音を使うアメリカ人もいるので注意が必要です。そのような人の場合、caught は「カート」のように聞こえます。規則的な綴り字は autumn、August などの au か、law、saw などの aw です。例外的ですが、bought、thought でもこの母音が使われるので注意してください。

ɔɚ

最後に court の母音ですが、綴り字に r が含まれていることからも分かるように、まず「オ」と言ってから例の舌を反り返らせた [ɚ] へと移る二重母音で、/ɔɚ/ を使って表します。規則的な綴りは for、before などの or か、roar、soar などの oar です。いずれも綴りに r が入っているところが決め手です。

🗂 歯と唇を使う /f/ と /v/

best - vest、boat - vote などの語に見られる /b/ と /v/ の聞き分けは、/r/ と /l/ と並んで、私たちが最も苦手とするものですが、発音することは簡単です。

b

まず英語の /b/ は、日本語のバ行音の子音とほぼ同じなので問題ありません。しいて言えば、cabbage のような語中の /b/ でしっかり唇を閉じて発音することを心がければ大丈夫です。

v vs. f

上の前歯を下唇に軽くあて、その狭い隙間から声を出し続けてみ

てください（下の前歯を上唇にあてるととても変な顔になるので注意しましょう）。唇のあたりに震えを感じることができると思います。これが /v/ の音です。このとき息だけを出せば /f/ の音になります。

　ちなみにアルファベットの v は、日本語では「ブイ」と呼びますが、英語では /víː/ です。日本語の「ブ」を使って「ブイ」と発音すると海に浮かぶ「ブイ」（buoy /búːi/）と間違えられるので注意しましょう。

　次に日本語で「フ」と言ってみてください。「フ」の最初の部分では、唇が丸められ上下の唇で作られた隙間から、ちょうどローソクの炎を「ふっ」と吹き消すような感じで息を出しているはずです。

　この日本語の子音を英語の /f/ の代わりに使うと、英語話者には /h/ の音と間違えられることがあるので、注意してください。よく言われることですが、下手をすると four が whore（売春婦）と聞かれかねません。

　b を見たら唇をしっかり閉じ、f や v を見たら上の前歯を下唇に軽く押しあてて発音する習慣をつけましょう。

英語の shin、sin、thin と日本語の「シ」

θ vs. ð

thank、think などの最初の音は , 舌先を上の前歯の裏に当てて、その隙間から息を出して発音する音で、/θ/ の記号で表されます。慣れるまでは上下の前歯ではさんでも良いでしょう。

　このとき声も出せば、the、that、these などの /ð/ の発音になります。th を見たら、舌先を必ず上の前歯の裏につけて発音するようにしましょう。

　なお、日本語のサ行の音を使うと、多くの場合 /s/ ととられ、thank - sank、thought – sought などの区別がつかなくなってしまいますので注意してください。

　また、特に若い人に多いようですが、「サ、シ、ス、セ、ソ」のすべてで、舌先を前歯の裏につけた /θ/ と同じ発音をする人がいます。そのような人は /s/ の音を正しく発音するよう練習する必要があります。

s vs. ∫

　舌先を上の前歯にあてず、下の前歯の裏側において、「スー」という音を出す練習をしてください。これが /s/ の音です。

　次に「サ、シャ」と繰り返して言ってみましょう。「サ」に比べて「シャ」の出だしのときのほうが、舌を持ち上げることで作られた隙間の面積が、広いことが感じられるはずです。「サ」の最初の子音が [s]、「シャ」の最初の子音が [ʃ] です。

　次に「シ」と発音してみてください。「シ」の出だしの部分は、伝統的日本語では [ʃ] ですが、若い人のあいだでは [s] を使って「スィ」のように発音する人が増えています。また前出のようにサ行音すべてで、舌先が前歯に触れる人は、/θ/ を使っていることになります。自分がどのタイプかをまず確認してください。

　このように日本語では「シ」の最初の子音に [ʃ] を使っても [s] や [θ] を使っても、別の文字を表すわけではなく、意味の違いは生じませんが、英語ではこの 3 つの子音は立派に意味の違いを生み出します。

shin は「すね」、sin と thin はそれぞれ「罪」「薄い」です。

　伝統的な [ʃ] を使っている人は、sin、sip、seat のような単語で /s/ を発音する練習をしてください。/s/ の部分だけを「スー」と発音しておいて、後に母音を続けるように練習するとうまくできるようになります。

　[s] を使っている人は、shin、ship、sheet などのような単語で、/ʃ/ を発音する練習をしましょう。ここでも /ʃ/ のみを「シュー」のように伸ばしてから次の母音に移る練習から始めるとよいでしょう。

　サ行をすべて [θ] で発音する人は、/s/ と /ʃ/ の両方を練習してください。

　いずれにせよ、綴り字が th なら /θ/、s なら /s/、sh なら /ʃ/ という関係をしっかりと頭に入れておき、正しく発音する練習をしてください。そうしないと Please sit here. が Please shit here. となったり、「彼女」she が「海」sea に、「考え中」I'm thinking. が「沈没中」I'm sinking. に化けたりしてしまいます。

📖 year と ear

　みなさんは、year と ear の違いを意識して発音していますか？ど
ちらも私たちの耳には「イヤー」もしくは「イアー」のように聞こ
えるのですが、英語でははっきりと区別されています。発音記号を
使うと year は /jiə˞/、ear は /iə˞/ と 表され、綴り字 y に対応する /j/ と
いう音の有無が問題になります。

　日本語にも /j/ と同じ音があるのですが、「ヤ、ユ、ヨ」の３つの
場合にしか現れません。ローマ字で表すときには ya、yu、yo とやは
り同じ y の文字を使いますね。では「イア」を素早く２、３度繰り返
してみてください。どうですか？「ヤ」になりませんか？

j

　このことから分かるように、/j/ は、実は「イ」のような母音の性
格を持ちながら、速やかに次の母音に移ってしまうためにそれ自体
が母音として認識されず、子音の働きをするようになった音なので
す。year の前に冠詞をつけるとしたら a year で、母音の前に使われ
る an ではないことからも、文字 y で表される /j/ の音が子音扱いさ
れていることが分かります（/j/ はいわば「半人前の母音」で「半母音」
と呼ばれることがあります）。

　この /j/ が英語で /i:/ や /ɪ/ の前で使われるときには、後に続く母音
より舌を高く上げて発音しなくてはなりません。ear のほうはほぼ日
本語の「イ」のつもりで大丈夫なのですが、year ではそれよりも舌
が高い位置まで上がることを頭に入れて発音する必要があります。
日本語で「ヒ」と言うつもりで、最初から声を出すと上手に発音で
きます。

☐ ラ行音とは微妙に違う /r/ と /l/

先生：What time did the post arrive this morning ?
　　　これを日本語に直してみなさい。
学生：今朝郵便は何時に……
先生：何時にどうした？
学生：生きていますか？

筆者が一生忘れないであろう、ある学生との会話です。もちろん arrive と alive を間違えたためにクラスを爆笑の渦に巻き込むはめになったのですが ......。

では、私たちにとって鬼門ともいえる /r/ と /l/ は、どのように違うのでしょうか。

r

80 ～ 81 ページで既に説明した通り、/r/ は /ɚː/ と同じ舌の構えで発音されます。唯一の違いは、先ほどの半母音 /j/ と同じように速やかに次の母音に移ってしまい、子音として働いている点です。

このことさえ分かれば、/r/ の発音はもうできたも同然です。right を例に練習してみましょう。口の中で舌先がどこにもつかないようにして反り返らせ、多少唇を丸め気味にして /ɚː/ と言ってみてください。そのまま次の母音「アイ（ト）」へと速やかに移れば、自然と right の発音の出来上がりです。

日本語で「ラリルレロ」と言ってみてください。そのとき舌の先は上の前歯の裏側の歯茎のあたりを、軽く叩くはずです。英語の /r/ では、舌先はどこにも触れず、日本語のラ行音と比べると少しくぐ

もったような、はっきりしない印象を受けます。

1

　反対に /l/ では舌先が歯茎に触れますが、日本語のラ行音のときよりも接触が強く、長くなります。舌先を歯茎にしっかりとつけて声を出せば、それが /l/ の音で、/r/ と比べるとはっきりしていて、日本語のラ行音により近い印象があります。

　日本語のラ行音は、英語話者には /r/ や /l/ や /d/、ときには /t/ のようにさまざまな音に聞こえてしまうので、/r/ と /l/ の両方にラ行音を使うのはあきらめて、2つをしっかりと区別して発音することが大切です。

　日本語話者の /r/ と /l/ の発音と聞き分けの問題がしばしばクローズアップされるのは、/r/ と /l/ の違いだけで意味が変わる単語のペアが非常に多いことと無縁ではないでしょう。

　read - lead、right - light、wrong - long、
　correct - collect、pray - play、crime - climb、
　fresh - flesh、crown - clown、pirate - pilot

などなど、いくらでも出てきます。

　そのため、/r/ と /l/ を言い間違えると、「長い」が「間違った」に、「フレッシュジュース」が「人肉ジュース」に、「パイロット」が「海賊」に化けてしまうのです。

　かくいう筆者も、アメリカで小学6年生の一団を前にして日本の政治についての質問を受けた際に、election と言うところを erection

と言い間違え、えらい目に遭ったことがあるので、前出の学生をあまり笑えません。

このようなことにならないよう、この2つの音を区別して発音できるようにすることと、上記のように /r/ と /l/ だけで異なるペアの場合には、その意味の違いを正しく理解しておくことが大変重要です。

英語の音は発音できるようになるのか？

ところで、日本語母語話者に同じように聞こえてしまう英語音の発音や聞き分けは、どの程度学習によって上達できるのでしょうか。

まず、最も研究の進んでいる /r/ と /l/ の、発音に関する実験結果から紹介しましょう。

アメリカに12年以上滞在し毎日英語を使って生活している日本人、渡米間もない日本人、およびアメリカ人それぞれ12名ずつに、/r/ と /l/ だけで異なる right – light のような単語を発音してもらって録音し、別のアメリカ人に聞かせて、/r/ か /l/ かを答えてもらった実験では、長期滞在組の被験者は英語母語話者と同様、ほぼ100％意図した /r/ や /l/ と認識される発音をマスターしていることが分かりました。

アメリカに来て間もない被験者の平均点は、残念ながら英語母語話者に及びませんでしたが、長期にわたって英語を使って暮らしている日本人の場合は、大人になってから学習を始めても、/r/ と /l/ の言い分けをきちんとマスターしていたのです。

同様のことは、英語音声学の授業における経験からもいえます。

きちんと /r/ と /l/ の発音の仕方を教えて練習させれば、たいてい
の学生が発音できるようになります。もっともこの場合は、right –
light、read – lead など、限られた単語の /r/ と /l/ に全精力を傾注して
発音すればよいわけで、実際の会話でもきちんと区別できるかとな
ると疑問ですが、それでも意識すれば区別して発音できるようにな
るのです。

　同じことが、本章で取り上げてきた日本人にとって紛らわしい音
の発音にもいえます。

聞き分けはできるようになるのか？

　では、聞き分けのほうはどうでしょうか。

　前出の実験と同様、アメリカに長期間住んでいる日本人と渡米間
もない日本人12名ずつの /r/ と /l/ の聞き取りを調べた実験によれば、
滞米期間にかかわらず、誰一人としてアメリカ人と同じほぼ100％
の正答率をマークした被験者はいませんでした。

　特に私たちが苦手な pray – play のように、語頭で子音の後に現れ
る /r/ と /l/ に関してはもっとも正答率が高かった被験者で83％でし
た。

　アメリカに来て日の浅い日本人被験者の成績が、経験豊富な日本
人被験者のそれと比べ平均で劣っていたことを考えると、日常生活
で英語を使う経験が聞き分けの能力を高める可能性はありそうです
が、たとえそうであっても、英語母語話者と同じ能力を身につける
ことはできないようです。

　では、実験室での長期にわたる練習はどうでしょう。

　日本語話者に /r/ と /l/ の聞き分けを訓練する実験でも、やはり同
様の結果が出ています。

筆者が、8名の海外経験のない平均的な日本人大学生を対象に、10名の英語母語話者が発音した合計560の /r/ と /l/ の音（そのひとつひとつを「刺激」と呼びます）を使って行った学習実験では、全員が聞き分けの能力を向上させましたが、やはり英語母語話者と同じレベルには到達しませんでした。

　さらに非常に興味深いことに、長期にわたる訓練の後でさえ、各被験者がコンスタントに間違えてしまう（50％よりも統計的に有意に低い正答率になる） /r/ や /l/ の刺激が、どの被験者にとっても存在することが判明しました。

　日本語話者が /r/ と /l/ を区別する際には、ラ行音に近いほうを /l/、遠いほうを /r/ と判断することが多いのですが、この基準で聞き分けを行うと、刺激によってはかえって誤った判断を下してしまい、英米人にとっては明らかに /r/ もしくは /l/ なのに、30％程度の正答率に留まったり、さらに極端な例では、まったく正解できない（つまり、いつも反対の音と判断してしまう）場合もありました。

　このことは、2つの音の聞き分けの基準が英語母語話者と日本語話者で異なっていることを示唆し、日本語話者による聞き分けの学習可能性の限界を示すと考えられます。

　 /r/ と /l/ の実験結果のみから、ほかの英語の音すべてについての学習可能性を類推することは危険ですが、ある程度の年齢（だいたい10歳前後）に達してしまうと、発音による区別はできるようになっても、聞き分けのほうは英語母語話者と同じとはいかないようです。本章で取り上げた日本語話者が聞き分けに困難を覚えるすべての英語の音を、英語母語話者と同じ正確さで聞き分けられるようになったという事例は、少なくとも報告されていません。

では、10歳以前に英語圏で生活し、帰国後日本語を使って暮らしている帰国子女の場合はどうでしょう。

　筆者が5人の帰国子女を調査したところ、/r/ と /l/ はみなきちんと聞き分けられるにもかかわらず、year と ear、pot と putt のような母音や半母音を含んだ聞き取りに問題が残っていることが分かりました。

　すべての英語音声について厳密な学習実験が行われているわけではありませんが、以上のことから、聞き分けの能力の完全な習得には限界があることが分かります。なにしろまだまだ言語を習得する能力を残している子どものときに英語のシャワーを浴びるようにして育った帰国子女でも、pot と putt、year と ear のような聞き分けには問題が残るのですから。

📖 聞き分けはそこそこに発音をマスターしよう

　筆者自身は1987年に渡米し、25歳から32歳まで足掛け7年アメリカで生活しました。音声学が専門ということもあり、少なくともこれまでに取り上げた音の発音には自信があります。

　では聞き分けはどうかといわれれば、残念ながら限界があることを認めざるを得ません。

　実験室でヘッドフォーンをつけ、特定の音の聞き分けだけに集中すれば、100％とはいかなくても90％ぐらいは正解できるでしょう。しかし日常会話で、意味に神経を集中している場合には、なかなかそうはいきません。

　初対面の人の名前に /r/ や /l/、/v/ や /b/、/æ/ や /ʌ/ や /ɑ/ の音が複数出てくるような場合、ラ行やバ行や「ア」のように聞こえる音として認識できても、さてそれが /r/ か /l/ か、/b/ か /v/ か、はたまた

/æ/ /ʌ/ /ɑ/ のどれかということになると万歳三唱状態で、伝家の宝刀、How do you spell it? という疑問文を発することが多いのです（この場合も b と v の違いは厄介ですが、相手の口元を見れば大丈夫です）。

　では、きちんと聞き分けられなければ、意思の疎通が図れないのでしょうか？そんなことはありません。

　言語には常に「文脈」という強い味方があり、うだるような暑い日に汗を流しながら発音された、It's so ハットゥデー . の「ハッ」は hot でしょうし、I ラブ you. が、I rub you. である可能性は非常に低く、「郵便が生きている」こともまずあり得ません。

　このように、与えられた状況や意味を考えれば、多くの場合適切な推測が可能です。

　しかるに発音の間違いは致命的で、せっかくの口説き文句も、「あなたをこすります」では台無しです。

　fact と fax の母音を日本語の「ア」で代用し、これを綴り字 u の母音 /ʌ/ と取られると、英語話者の耳には fucked、fucks と聞こえてしまいます。「事実」や「ファクス」というたびに、無意識のうちにあらぬ単語を口走ることになるわけです。

　このような事態を避けるためにも、まずはきちんと発音することを目指してください。これは十分に達成可能な目標です。

　その際には、ただ個々の音の発音を習得するだけではなく、綴り字と発音の関係を大いに利用して、単語の意味と音をしっかりと結びつけ、「正しい」は right、「集める」は collect、飛行機の「クラッシュ」は crash、ゴルフの「パット」は putt のように、正しく発音できるようにすることが大切です。

聞き分けのほうはある程度上達したら、必要以上の時間を費やすのはやめ、その分語彙を増やし、文法を勉強して、文脈から自然と意味が決定されるよう練習するほうが賢明です。

**　知らない単語は話せないし、読んで分からないものは聞いても絶対に分かりません。**

　日本語が第一言語である以上、英語母語話者とまったく同じ聞き分けの能力を身につけることはほぼ不可能で、そのことを負い目に感じる必要はないのです。

　どうしても分からなければ、How do you spell it? と尋ねればよいだけのことなのですから。

第 5 章

綴り字で発音が分かる

清水あつ子
Shimizu Atsuko

🗔 セイロウさんって誰のこと？

　日本人の名前をローマ字で書くと、びっくりするような読み方をされることがありますね。佐藤（Sato）さんも斎藤（Saito）さんも同じ「セイロウ」だったり、阿部（Abe）さんは「エイ（ブ）」、杉本（Sugimoto）さんなら「スージモウロウ」。呼ばれても、これでは自分のこととは気づかないかもしれません。

　なぜこんなことが起こるのかというと、英語の綴り字の読み方には、ローマ字とは違う「常識」があるからです。

　本章では、綴り字の読み方のルールの一部を、母音字の読み方を中心に簡単に解説します。綴り字を読むときに英米人が無意識に従っている「常識」を、私たちも身につけてしまおう、というのがねらいです。

　綴り字と発音には、かなり規則的な関係があるので、この「常識」を自分のものにしてしまえば、辞書で発音を調べなければならないようなことは、格段に少なくなるはずです。

　英語の綴り字には規則的なものと不規則なものとがありますが、全体からみれば規則的なものが圧倒的に多いのです。綴り字から発音を読み取る力をぜひ身につけましょう。

　回り道のように思えるかもしれませんが、これまでに英語の発音について学んできた知識を活性化するカギは、ここに潜んでいるのですから。

🗔 読めない単語は聞き取れない

　例えば、道で、

Can you tell me how to get to the /stéɪdiəm/? と訊かれたとします。ス

テイとか言っているから、station ？いいえ、相手は stadium に行きたいのです。/stéɪdiəm/ はまったく規則的な読み方なのですが、これを「スタジアム」だと思っていたら聞き取れないし、発音しても通じませんね。

　ではもうひとつ。会議のときに、

What's the /θíːm/ of today's discussion?

　と言われて、この /θíːm/ を /tíːm/ や /síːm/ と間違えずに正しく聞き取れたとします。相手が何を知りたがっているのか、分かるでしょうか？

　答えは theme、つまり議題。これも規則的な読み方なのですが、もしも「テーマ」と思い込んでいたら、音だけ聞き取れても何の役にも立たないわけです。

　stadium も theme も、言われてみれば「なーんだ」というような、「知ってるつもり」の単語でしょう。日本語の音なら聞き取りも発音も正しくできる私たちでも、例えば「母音」を「ぼおん」、「文字」を「ぶんじ」などと思い込んでいたら話にならないのと同じように、英語の発音をすべてマスターしたとしても、読み方が分からなければ聞き取れないし通じません。

　英語を一生懸命に勉強してきたのになかなかうまく聞き取れない、発音できないと思ってこの本を手に取った読者なら、かなりのボキャブラリーが頭に入っているはず。でも読み方が分からなければ、せっかく覚えた単語も「宝の持ち腐れ」というものです。

　第4章でも言っているように、知らない単語は話せないし聞き取れない。そして文字の上では「知ってるつもり」であっても、読み方を知らない単語はやはり、聞けないし発音できないのです。

☐ ghoti の発音は「フィッシュ」？

　では、英語の綴り字をどう読んだらよいか？これには誰もが泣かされます。20世紀のイギリスの劇作家でもあり批評家でもあったバーナード・ショーが、「英語では ghoti と綴って fish と読める」と言った話は有名ですが、なぜそう読めるのでしょう？

　そう、enough や laugh の gh、women の o、nation や action の ti の読み方を順番に並べれば、確かに /fɪʃ/ になりますね。しかし英語の綴り字は本当にこれほどメチャクチャで、一語一語、読み方を覚えるよりほかないのでしょうか？

　gh を /f/ と読むのはごく限られた単語だけで、あとは cough と tough くらいのものですし、だいいちこういう gh が単語のはじめにくることはありません。

　gh を含む単語には、ほかにも though /ðóʊ/ や through /θrúː/ などがあって、確かに一筋縄ではいきませんが、基本語では全部数えても20語にもならず、その半分くらいは high、taught のように gh は「読まない」と考えればそれで大丈夫。恐れるに足りません。

　o を /ɪ/ と読むのは women の1語だけ。ti を /ʃ/ と読むのは、nation、cautious、initial のように、ti の後に弱い母音が続く場合だけです。いくらなんでも ti で単語が終わり、それを /ʃ/ と読むなどということはありません。ですから、ghoti って「ギョーティ？」なんて、ギョッとすることはないのです。

　英語圏の子どもは、べつに天才でなくても、一応は読み書きができるようになるではありませんか？それは、英語の綴り字と発音の関係がある程度、規則的だからです。

　普通の子どもが読み書きの「常識」を身につけられる程度の規則

性は、英語の綴り字にも確かにあるのです。それなら、その「常識」を私たちも身につけてしまいましょう。

📖 綴り字で発音が分かる「フォニックス」

フォニックス（phonics）とは、英語圏、特にアメリカの小学校などで、初歩的な綴り字の読み方を教える教科のことです。発音記号などは使わずに、綴り字をもとにして教えるのです。

読み書きを初めて習う子どもたちに、例えば cat という綴り字を示し、何度か読んでみせて、子どもたちにも復唱させてから、こんどは bat、hat、rat のような例を与えます。同じようにして、こんどは cake が読めたところで lake、snake、flake のような例を示すというようにしていくと、子どもたちは綴り字のパターンと読み方との関係をだんだんと身につけて、初めて見る単語も読めるようになっていきます。

また、きちんと読めるようになるまでの橋渡しとして、小さい記号を添えることもあります。

例えば、2通りの読み方のある綴り字には、

cāke   căt   cōol   bŏok

などのように、長いほうに（ ̄）、短いほうに（˘）の記号を添えてヒントにしたり、読まない文字に斜線を引いて、

w̸rīte   rīgh̸t   clīmb̸

のようにしてやるのです。ちょうど、日本の子どもがふりがなつ

きの漢字を読むうちにいつしか読み方をおぼえるのと同じように、綴り字はできるだけそのまま与え、ヒントになる記号を添えることによって、英語の読み方の常識を知らず知らず身につけてしまうように考えられています。

　英語圏で育つ子どもたちとは少し事情が違いますが、フォニックスの知識は私たちにも大きな助けとなるはずです。本章では、私たちが特に注意しなくてはならない綴り字の読み方に焦点を絞って、フォニックスのルールをマスターすることにしましょう。

コラム

ある日のフォニックス教育談義

　1990 年代の初めに、筆者がカリフォルニアの田舎町でバスに乗っていたときのこと、日本人が珍しいのか、他の乗客がさかんに話しかけて来ます。うっかり、音声学（phonetics）をやっている、と言ったら、彼らはそれをフォニックス（phonics）と勘違いして、口々に言い始めたのです。

　「うちの町ではそれを小学校で教えなくなっちゃったから、今の子どもたちは綴りができないんだよ」

　「昔は、ちゃんと教えてくれたから綴りもできたのに」

　「そうだ、そうだ、また教えるようにさせなくちゃ」

　あまりに盛り上がってしまったので訂正する気にもなれず、黙って教育談義を拝聴することになったのでしたが、子どもたちの読み書き教育にフォニックスが大きな役割を果たしてきたことを実感させてくれる出来事でした。

　なお、当時はフォニックス教育が一時下火になっていたのでしたが、その後の研究で有効性が再評価されて、フォニックス教育はアメリカだけでなく英語圏の各国で盛んに行われるようになりました。

📖 フォニックスのルール

母音字の短音と長音

❖次の単語のペアを声に出して読んでみてください。

hat	—	hate
pet	—	Pete
bit	—	bite
hop	—	hope
cut	—	cute

　Pete だけが、ちょっと耳慣れないかもしれません。Peter の愛称で「ピー（ト）」。あとはおなじみの単語でしょう。左側の単語に e をつけただけで、a、e、i、o、u の読み方が変わることに気がついたでしょうか？

　今度は右側だけをゆっくりと。そう、ヘイ（ト）、ピー（ト）、バイ（ト）、ホウ（プ）、キュー（ト）です。

　では右側の、a、e、i、o、u にあたるところだけ取り出してみると？エイ、イー、アイ、オウ、ユー。なんと、アルファベットの名前と同じではありませんか！

　左側のような読み方、つまり a、e、i、o、u を /æ/、/e/、/ɪ/、/ɑ/、/ʌ/ と読むのが「短音」、右側のように、アルファベットの名前と同じに /eɪ/、/iː/、/aɪ/、/oʊ/、/juː/ と読むのが「長音」です。

　英語のアルファベットの中で、a、e、i、o、u を母音字、それ以外を子音字と呼びます（y だけは両方に使われます）。

　英語の長い歴史の中でも、子音の発音にはそれほど大きな変化がなかったので、今でも子音字の読み方は割合簡単ですが、母音は大

きく変化してきたために、読み方がとても複雑になってしまいました。特に「長音」は、ヨーロッパの他の言語でa、e、i、o、uをたいてい「アー」「エー」「イー」「オー」「ウー」のように読むのとは、まったく違ったものになっています。

子音字で単語が終わるとき

hat、pet、bit、hop、cut、それに myth のように、母音字の後に子音字（1〜3個）があって、そこで単語が終わっていれば、母音字は短く読みます（yはiと同じに考えます）。発音記号を使わなくても短音を示す（˘）をつけて、

hăt、pĕt、bĭt、hŏp、cŭt、mȳth

のように、発音を示すことができます。

※次の単語を読んでみましょう。

sat、fact、tramp、set、send、Welsh、bit、hill、sphinx、drop、shock、prom、hut、pulp、brush、gym、hymn、lynx

これはすべて「短音」の例です。
tramp（踏む）、Welsh（ウエールズの）、sphinx（スフィンクス）、prom（舞踏会）、pulp（果肉）、lynx（山猫）など、あまり見慣れない語でも、楽々と読めてしまいますね。第4章の「3種類のハット」にあったように、短音のa、o、uはどれも「ア」と似ているので、きちんと区別することも忘れないようにしましょう。

短音のルール1
単語の終わりが子音字なら、その前の母音字は短音

　このルールを知っていれば、大学受験程度の4万語余りの単語の
うち、900語以上が発音記号なしで読めるのです(竹林滋『英語のフォニッ
クス<新装版>』研究社、2019年による)。

母音字＋子音字＋e

　hate、Pete、bite、hope、cute、それに style のように、母音字の後
に子音字が1つ、次に e があって単語が終われば、母音字は長音、
つまりアルファベットの名前と同じに読みます。

　長音を示す（ ̄）を使えば発音記号を使わなくても、

　hāte、Pēte、bīte、hōpe、cūte、stȳle

と発音を示すことができます。

　ただし u の場合は rule, super, lute のように /r/、/s/、/l/ の後に来
ると /juː/ ではなく /uː/ となるのが普通ですし、第7章（144ページ）
で説明するように北米の大部分の話者は /t/、/d/、/n/、/θ/、/z/ の後で
も /uː/ と発音します。

※こんどは次の単語を読んでください。

　late、plane、jade、eve、Swede、extreme、time、fine、fife、rope、
note、lobe、mute、huge、fuse、type、dyke

どれも「長音」の例です。jade（ひすい）、Swede（スウェーデン人）、fife（横笛）、lobe（耳たぶ）、fuse（ヒューズ）、dyke（溝）も読めましたね？初めての単語が混ざっていても、長音のルールを知っていれば大丈夫なはずです。

長音のルール

母音字＋子音字＋ e で単語が終わったら、その母音字は長音
最後の e は発音しない

　最後の e は発音されませんが、その前の母音字を長音にする働きを持っています。この形の語は非常に多く、例外も少ないので、「短音」のルールと一緒に覚えたら鬼に金棒、『英語のフォニックス』によれば、合わせて 1200 語あまりがそのまま読めるようになります。

　ついでに、pīe、tōe、hūe のように最後の e の前に子音字がない場合でも、e は発音されず、その前の母音字は長音ですから、これも知っておくと便利です。

　短音と長音の読み方は英語では本当に基本的な常識なので、阿部（Abe）さんはエイ（ブ）さんとなってしまいますし、井出（Ide）さんがアイ（ド）さん、布施（Fuse）さんがフューズさんと呼ばれたりするのもうなずける話です。

┌─────────────────────────────────┐
コラム

バッシュ大統領？

　規則あるところに例外あり、短音のルールが、残念ながら必ずしも当はまらない単語があります。アメリカの41代・43代大統領は Bush。でも /bʌʃ/ ではなくて /bʊʃ/ ですね。ルールでは短音の u、つまり /ʌ/ となるはずなのに /ʊ/ となっている単語には、ほかにも push、put、bull、full などがあります。

　実は短音の u は、15世紀頃までは綴り字に忠実に、/ʊ/ と読まれていたのですが、その後だんだんと唇の丸めがなくなり、あごもやや開いて、第4章で説明した /ʌ/ のようになったという歴史があります。上にあげた例にはひとつだけ共通点があって、それは、上下の唇が接触したり近づいたりする子音が u の前にあることです。

　そういう /p/、/b/、/f/ のような子音の後では唇の丸めが保たれやすかったので、上のような /ʊ/ → /ʌ/ の変化が起こりにくかったのだと考えられます。こうした例外はごく限られた基本語にしかないので、p、b、f の綴り字＋u＋子音字で終わる語に出会ったら読み方に注意して、ひと通り覚えてしまうとよいでしょう。
└─────────────────────────────────┘

I like swimming—子音字が2つ並ぶとき

　中学生の頃、swiming と書いて「m を2つ！」と直された経験はありませんか？あれはなぜだったのでしょう。

　odd、bell、kiss などの例で分かるように、同じ子音字が2つ並んでいても、1つ分にしか読まれません。だから running は「ランニング」ではなくて「ラニング」。hammer も「ハンマー」ではなく「ハマー」となります。

　それなら文字が１つでも２つでも変わりはないかというと、そうではありません。

lāter　　—　　lătter

dīner　　—　　dĭnner

hōping　　—　　hŏpping

　のようなペアで、左側が長音、右側が短音となっているのからも分かるように、単語の途中で２つ並んだ子音字にはその前の母音字を短音にするという重要な役目があります。

　だから m を２つ書かないとその前の i が長音に読まれて、swiming は「スワイミング」になってしまう心配があるわけです。佐藤（Sato）さんが「セイロウ」と長音で読まれたりするのもこのためです。

短音のルール２
単語の途中で子音字が２つ並ぶと、前の母音は短音

　残念なことに逆は必ずしも真ならずで、

Săturday　　—　　Sātan

rĕgular　　—　　rēgal

fĭnish　　—　　fīnal

hŏnor　　—　　dōnor

stŭdy　　—　　stūdent

　の左側の語は、次の子音字が１つしかないにもかかわらず、「セイ

「タデイ」「リーギュラー」「ファイニッシュ」「オウナー」「ステューディー」とは読みませんね。

　右側の語は原則どおりの長音となる例です。特に Satan、donor は日本語では「サタン」「ドナー」ですが、英語では長音で「セイタン」「ドウナー」のようになることにも注意してください。

　次の子音字が1つの場合、前の母音が長音だったり短音だったりするので油断できないのが英語の悲しいところです。このような場合は原則として長音、と覚えておき、不安なときは辞書で調べるようにしましょう。

❖ それではここで「長音」と「短音」の仕上げの問題に挑戦です。
　次の単語が正しく読めますか？

(1) label　(2) meter　(3) evening　(4) ultrasound　(5) null
(6) studio　(7) Cleopatra

　(1) は a の長音。「ラベル」ではなくて /léɪbəl/ です。
　(2) は e の長音。「メーター」ではなくて /míːtə/ です。
　ちなみに media は「メディア」ではなく /míːdiə/、漫画の主人公、黒猫の Felix は「フェリックス」ではなく /fíːlɪks/ だし、北欧の国 Sweden は /swíːdn/ です。
　(3) も出だしは e の長音。「イヴニング」でなく /íːvnɪŋ/ と読みます。短めに聞こえますが、i の短音 /ɪ/ ではありません。ついでに Christmas Eve でも、「イヴ」ではなくて /íːv/ です。
　(4) は超音波のことですね。「ウルトラサウンド」ではなくて /ʌ́ltrəsàʊnd/。最初の母音は u の短音です。ul- が「オウ」のようになることも思い出しましょう。紫外線の ultraviolet でも同じ。ではウ

第5章／綴り字で発音が分かる／ 109

ルトラマンは？ Ultraman と書いて英語らしく読めば「オウチャマン」ということになるでしょう。

(5) u の短音。コンピューター関係では「ヌル文字」などというようですが英語では /nʌl/ です。

(6) u の長音。「スタジオ」ではなく /st(j)úːdiòʊ/。

(7) これも e の長音で /klìːəpǽtrə/。「クレオパトラ」では通じません。映画『タイタニック』の人気俳優 Leonardo DiCaprio も、女性ファンが「レオさま」などと呼んでいましたが Leo なら e が長音で /líːoʊ/ です。

コラム

o なのに /ʌ/ ？

綴り字が o なのに、発音は短音の u (/ʌ/) という、不思議な読み方の単語がかなりあります。front、onion、monkey、ton、son などの単語の大半は、実はもともと u で綴られていたのです。o を u に変えて、これらの単語を筆記体で書いてみてください。グシャグシャになりませんか？

活字のない時代、手書きでは u が読みにくいために、まわりに n、m、v があるときは u を o に変えて綴るようになったという事情があるのです。love、glove、come、some、mother などではもう少し話が複雑ですが、基本的には同じと考えてください。

では、こうした例への対策は？

o の文字の前後に m、n、v などがあったら、ちょっと用心して発音を確かめましょう。第 4 章でも注意したように、「ア」みたいな音だからといって短音の o (/ɑ/) と短音の u (/ʌ/) を一緒くたにしないことです。

さあ、いくつできましたか？

英語の常識がローマ字読みで曇らされないよう、用心していきましょう。

ai、ay を見たら「エイ」と読もう

❈次の単語を声に出して読んでください。

sail、rain、mail、say、ray、day

aiとayは「エイ」。よく見ると守備位置が決まっていて、単語の終わりがay、それ以外がaiですね。ローマ字読みをして「アイ」と読んではいけません。

Thai /táɪ/ や Saipan /saɪpæn/ のような外国の地名などを別とすれば、ai を /aɪ/ と読むことはないのです。

海外旅行好きの読者は、飛行機の aisle /áɪl/ seat（通路側の席）を思い出して、ai は「アイ」じゃないか！と思われるかもしれませんが、aisle /áɪl/ は英語としては例外中の例外と考えてください。

❈ここでクイズです。sail、tail、pain と発音が同じで綴りが違う単語は？

答えは sale、tale、pane です。aiとayは、aの長音と同じに読むのですね。だから斎藤（Saito）さんも、佐藤（Sato）さんとそろって「セイロウ」さんになるわけです。

この章ではある程度強く読まれる母音字だけを扱っているのですが、bargain、mountain、captain などのアクセントの無い ai は「エイ」とはならず、規則的に /ə/ か、またはほとんど聞こえないくらいにな

ることも覚えておきましょう。

「オー」と聞こえる au と oa
❖次の単語のペアで、母音が同じなのはどれでしょう。

   (1) pause — paw

   (2) cause — coat

   (3) lawn — loan

 答えを見る前に、第4章の「3種類のコート」の注意を思い出しながら、次の単語を読んでみてください。

au: cause、sauce、launch、laundry、caught

aw: law、raw、straw、lawn、yawn

oa: coat、boat、road、loaf、loan

 上の2行、au と aw はどちらも同じ /ɔː/。ローマ読みをして「アウ」と読んだり、綴り字に u や w があるのに惑わされて、「ウ」をつけて「オウ」にしてはいけません。北米では「アー」に近い発音も多いのですが、「オー」ないし「アー」のような母音を伸ばしっぱなしにして、決して「ウ」をつけないことが大切です。

 ai と ay の場合ほど厳密ではありませんが、au と aw も持ち場の分担をしていて、語末に現れることができるのは aw だけです。caught、taught のように、gh を読まない augh の綴りもよくありますね。

 3行目の oa は、o の長音と同じ /oʊ/。こちらは試験によく出る大例外、broad と abroad（どちらも /ɔː/ と発音）のほかは /oʊ/ と思って大丈夫です。

したがって、さきほどの3つのペアは次のように発音されます。

(1) pause /pɔ́:z/—paw /pɔ́:/
(2) cause /kɔ́:z/—coat /kóʊt/
(3) lawn /lɔ́:n/—loan /lóʊn/

　母音が同じなのは(1)だけです。auとawは/ɔ:/、oaはoの長音で/oʊ/、と覚えましょう。

「アウ」と読む ou

❖次の単語を、まずは全部読んでみてください。

(1) out、about、count、sound、round、foul
(2) country、young、double、trouble、couple
(3) soup、group、route
(4) bought、thought
(5) soul、shoulder
(6) could、would、should

　ou の読み方は、

(1) の out などでは /aʊ/
(2) の country などでは u の短音 /ʌ/
(3) の soup などでは /u:/
(4) の bought など -ought では /ɔ:/
(5) の soul などでは o の長音 /oʊ/
(6) のごく限られた助動詞では /ʊ/

（普通は弱く /ə/ となったり聞こえなくなったりする）

6つのグループで、それぞれ ou の読み方が違う！

「もういやだ、やってられない！」などと投げ出さないでください。確かに6通りありますが、その中で代表的なものはどれで、例外はどれかを見定めましょう。

代表的なのは /aʊ/、(1) のグループの読み方です。(2) 〜 (6) の仲間は例外的で、単語の数も限られています。特に (5) は soul、shoulder くらいしかないので、綴り字につられて、他の単語を「オウ」と読んではいけません。

初めて出会った単語に ou の綴り字があったら、「アウ」と読んでしまってよいのです。それが英語の常識なのですから、たとえ間違っても、恥ずかしいことはありません。現に route などは、アメリカでは /rúːt/ のほか /ráʊt/ と発音する人も多いくらいです。

ai の場合と同じように、famous、serious などのアクセントの無い ous も弱まって、規則的に /əs/ となります。

ai、ay などのように母音字が2つ並んで1つの音を表しているものを二重母音字と呼びますが、私たちが間違えやすいような二重母音字の読み方のルールを、ひとまずここでまとめておきましょう。

二重母音字のルール1
次の二重母音字にはほぼ決まった読み方がある
ai=ay=ā /eɪ/　　au=aw /ɔː/　　oa=ō /oʊ/　　ou /aʊ/

どっちつかずの ow
❖次の単語を迷わず読めますか？

snow、now、low、cow、grow、down、slow、allow

　/oʊ/ と /aʊ/ が交互に並んで、最後の allow は /əláʊ/ でしたね。ow の読み方は、/aʊ/ /oʊ/ がおよそ半々の割合です。now は /náʊ/ なのに、s がつくと snow /snóʊ/。だからといって low /lóʊ/ に s をつけて slow にしても、母音は変わらず /slóʊ/ という具合で、綴り字からはまったく予測がつかず、ひとつずつ覚えるよりほかはありません。

　どっちつかずの綴り字には、ほかに ea と oo があります。ea は eat、easy、tea など e の長音 /iː/ が最も多く、次に head、bread など e の短音 /e/ があります。great や break のように /eɪ/ と読む単語はさらに少ないので、初対面の単語に ea の綴りがあったら、/iː/ と読んでおけば一番確率が高いでしょう。

　oo も /uː/ と読む cool、soon、boom などと、/ʊ/ と読む foot、book、stood などに分かれます。昔は綴り字に忠実に /oː/ と読んでいたのが、母音変化が起きて /uː/ に変わり、その後主として t, d、k の前で /ʊ/ と短くなったので、t、d、k の前では /ʊ/、その他は /uː/ と見当をつけましょう。

　どっちつかずではありますが、ow、ea、oo の 2 通りの読み方を覚えておいて損はありません。ēa /iː/ ĕa /e/、ōo /uː/ ŏo /ʊ/ のように長音と短音の記号を利用したり、o から長音の /oʊ/ を連想させて ōw /oʊ/、何もつけない ow は ou と同じということで ow /aʊ/ のようにして、どちらの読み方かを示すこともできます。

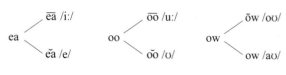

二重母音字のルール 2
次の二重母音字には、おもな読み方が 2 通りある

ea — ēa /iː/ / ĕa /e/

oo — ōo /uː/ / ŏo /ʊ/

ow — ōw /oʊ/ / ow /aʊ/

r のいたずら

　フォニックスのルールを読んで、r の文字は「母音字」じゃないから「子音字」に入るのだろうか？ならば cat の t を r に変えれば /kǽr/ で、cake の k を r にすれば care /kéɪr/ ？？おかしいなあ、と思われた方はいらっしゃいませんか？

　ごめんなさい。r は確かに子音字の仲間ですが、あまりにいたずら者なので、他の子音字たちと一緒には扱えずにいたのです。

❖次の単語のペアを左右交互に読んでみてください。

　　　a + r:　car /kάɚ/—care /kéɚ/
　　　e + r:　her /hɚ́ː/—here /híɚ/
　　　i + r:　fir /fɚ́ː/—fire /fáɪɚ/
　　　u + r:　occur /əkɚ́ː/—cure /kjύɚ/
　　　o + r:　for /fɔ́ɚ/—fore /fɔ́ɚ/

　o + r のペア以外は、右側と左側では　母音字 + r　の読み方が違っています。左側が短音、右側が長音にあたります。しかし r の影響で、

r の前では短音も長音ももとの音からはかなり変化しています。

これが「r のいたずら」というわけで、その結果、現在では ar は /ɑɚ/、er、ir、ur はどれも /ɚ:/、or と ore はどちらも /ɔɚ/、are は /eɚ/、ere は /ɪɚ/、ire は /aɪɚ/、ure は /jʊɚ/ のように発音されています。

❖ここで、受験でおなじみの問題をやってみましょう。

下記の下線を引いた母音の中で、ひとつだけ違って発音されるものを選んでください。

bird、card、turn、term

このような位置で ir・ur・er はどれも /ɚ:/、ar は /ɑɚ/ なのですから、ar と綴ってある card が違うに決まっていますね。

このように、綴りを見れば、どの母音が現れるか答えることはできます。

ただ、綴りで区別ができても実際に発音できなくては、通じる英語にはなりませんから、第4章の「2種類のハート」での注意を忘れずに練習してください。

cȃr、hȇr、fȋr、occȗr、fȏr などには母音字＋ r の上に（⌢）をつけ、cāre、hēre、fīre、cūre などには（￣）をつけるようにすれば、発音記号を使わずにこの「短音」「長音」に相当する規則的な読み方を示すことができます。

❖では、もう少し単語を読んでみましょう。

star、stare、card、term、mere、verge、girl、dirk、
fur、pure、hurt、surge、spore、corn、orb

うまく発音できましたか？全部が規則的な読み方ですから、verge（境界）、dirk（短剣）、surge（波）、spore（胞子）、orb（球体）などのあまり見慣れない単語でも、ルールを知っていれば読めるはずです。

母音字＋rの読み方のルールをまとめておきます。

母音字＋rの読み方

母音字＋rで単語が終わるか、次に子音字が続くとき

$\widehat{ar}$ /ɑɚ/　　$\widehat{er}$＝$\widehat{ir}$＝$\widehat{ur}$ /ɚː/　　$\widehat{or}$ /ɔɚ/

母音字＋r＋eで単語が終わるとき

$\overline{are}$ /eɚ/　$\overline{ere}$ /ɪɚ/　$\overline{ire}$ /aɪɚ/　$\overline{ure}$ /jʊɚ/　$\overline{ore}$ /ɔɚ/

最後のeは発音しない

No Wor??

2003年に勃発したイラク戦争直前の新聞の連載漫画で、主人公が反戦の気持ちを表そうと、「ノー　ウォー」と言いながら自宅の屋根にNo Wor! と書く場面がありました。この主人公を、私たちは笑えませんね。

戦争はwarと書くけどワーじゃないし仕事はworkだけどウォークじゃない。wが入ると、英語の綴り字はよけい分からん、と思っている人は多いはずです。

❖次の単語を読み、上と下の行を比べてみてください。

far   farm   barn   fork   cord   north

｜   ｜   ｜   ｜   ｜   ｜

war   warm   warn   work   word   worth

　w で始まる下の行では、ar がまるで or のように /ɔɚ/、or がまるで ur のように /ɚ:/ と発音されて、同じ「母音字 + r」なのに上の行とは発音が違いますね。/w/ の音は唇を強く丸めて出す音なので、その後に母音字の a と o が来るとその影響を受けて、本来の読み方と変わってしまうのです。

　でも対策は意外に簡単。「a を o に、o を u に読み替える」と覚えてください。ウソだと思ったら、やってみましょう。

　まず、a→o です。

swan：swon のつもりで、短音の o にして /swάn/。

war：wor のつもりで、or と読んで /wɔɚ/。

　　w だけでなく wh、qu の綴り字も /(h)w/ や /kw/ と発音されて /w/ の音を含むので同じです。

wharf：whorf のつもりで or と読んで /(h)wɔɚf/。

quantity：quontity のつもりで短音の o にして /kwάntɪti/。

うまく読めましたね！

こんどは o→u です。

won：wun のつもりで、短音の u にして /wʌ́n/。

数字の 1（one）と同じ発音になります。

work：wurk のつもりで ur と読んで /wɚ́:k/。

どうです？謎が解けたでしょうか？

　これでもう、It's /wɔ́ːm/ today、isn't it! などと、「暖かい（warm）
ですね！」のつもりで「芋虫（worm）ですね！」と言ったりせずに
すむことでしょう。

　サンフランシスコの観光名所、「フィッシャーマンズ・ワーフ」の
Wharf は、実は上で見たように /(h)wɔ́əf/ なのでした。「賞」という
意味でよく使われる「アワード」(award) は /əwɔ́əd/、SF などでいう
「タイムワープ」も time warp /wɔ́əp/ だったのですね。

---

w、wh、qu の後の a と o の読み方
w、wh、qu の後では a を o、o を u のつもりで読む

---

c と g の読み方

　ここまでは母音字について考えてきたのですが、子音字の c、g の
読み方はどうなっているのでしょうか。

❖次の単語を読んで、c はどういうときに /s/、どういうときに /k/ と
　読むのか考えてみてください。

> cent、city、policy、ice、music、cake、coin、cut、
> cry、cause

　どうですか？ /s/ となるのは cent、city、policy、ice。c の後が e、i、
y のときのようですね。その他の位置では /k/ となっています。

❖こんどは g について、次の単語を読みましょう。

gentle、giant、energy、huge、hug、game、

go、gun、green、mug、good

　g が Japan の最初の音のように /dʒ/ となっているのは、gentle、giant、energy、huge でした。やはり g の後が e、i、y のときで、その他の位置では /g/ と読まれていますね。energy（エネルギー）は /énə˞dʒi/、ついでに allergy（アレルギー）も /ǽlə˞dʒi/ で、y の前の g が /dʒ/ となる例です。

　i、e、y の綴り字の前の c、g はそれぞれ /s/ /dʒ/ と読まれますが、/k/ /g/ よりもソフトな感じの音なので「軟らかい c」、「軟らかい g」と呼ばれます。

　それ以外の位置、具体的には a、o、u の綴り字の前と子音の前、それと語末では「硬い c」、「硬い g」となって、c は /k/、g は /g/ と読みます。

---

c と g の読み方
i、e、y の綴り字の前で c は /s/、g は /dʒ/ と読み
それ以外の位置では c は /k/、g は /g/ と読む

---

　120 ページの例の中の music と ice、上の hug と huge を比べてみると、発音されない語末の e は母音を長音に読ませるだけではなく、c と g を軟音に読ませるはたらきをしていることが分かります。

　この章の初めで紹介した、杉本（Sugimoto）さんが「スージモウロウ」と呼ばれてしまうという話は、この「軟らかい g」のせいなのですね。

　実は、「軟らかい g」の現れるはずの位置なのに /g/ と読まれる、get、give、girl、begin などの単語が少しだけあります。これらは、「軟

らかい g」の音が英語に入ってくるよりずっと昔からあった、非常に基礎的な単語ばかりです。ほかにはこのルールにはほとんど例外がありません。

　g に関する例外も含め、綴り字の例外的発音が中学で教わるような基礎的な単語にばかり見られるのはやっかいですが、逆に言えば子どもたちが読み書きを習う前に発音から覚えてしまうような基礎的な単語であればこそ、例外が存在しうるのです。めったに使わない単語や新しく作られた単語は、ほぼ必ず規則的に発音されます。

＊　　＊　　＊

　本章を読み終えたみなさんは、投手と打者の二刀流で大記録を達成した大谷翔平選手の所属チーム、Angels をエンゼルスと読んだりはしませんね。A は長音の /eɪ/、g は「軟らかい g」の /dʒ/、それに暗い L で「エインジェオズ」(念のため、最後の s は /z/。Yankees は「ヤンキーズ」、Dodgers も「ドジャーズ」です)。

　英語教育の世界ではしばしば、例外的な綴りの発音を強調するあまり、規則的な発音が軽視される傾向にありますが、これではいつまでたっても綴り字の読み方の常識が身につきません。

　もしも machine を「マチャイン」と発音した中学生がいたら、大いに褒めてやらねばなりません。その生徒は ch の発音と i の長音をきちんと理解しているからです。こう綴って /məʃiːn/ と読ませる英語が悪いのです。

　どうかみなさんも、知らない単語に出会ったら、綴り字と発音の規則を当てはめて、まず発音を推測してから辞書を見て発音を確認し(その方法については次の章を読んでください)、綴り字の規則的な読み方と不規則な読み方をきちんと区別して覚えるくせをつけてください。必ず役に立つはずです。

第 6 章

発音記号が分かれば鬼に金棒！

小林篤志
Kobayashi Atsushi

第5章では綴り字から発音を知るためのいくつかの方法をご紹介しました。フォニックスのルールさえ身につけていれば、発音記号がなくても読める単語がたくさんあるということがお分かりいただけたと思います。しかし残念ながら、綴り字だけでは発音が分からない単語があるのも事実です。

そのようなときこそ、発音記号の出番です。

📖 発音記号は役に立つのか？

みなさんは、英語の辞書を引くときに「発音記号」を注意してご覧になりますか。「単語帳を作るときに必ず発音記号も写します！」という方もいれば、発音記号なんて見ないという方もいらっしゃることでしょう。筆者は中学生の頃、æ とか θ とか ʃ とか ŋ といった何やら暗号めいた記号に大いに興味をひかれたものでしたが、綴りを覚えるだけでも大変なのに、わけの分からない記号に辟易したという友人もいます。

そもそもこの「発音記号」、発音の学習に役立つのでしょうか？

新しい単語や表現を覚えるときには、綴りと意味（使い方）だけではなく、「発音」を一緒に覚えていかなくてはなりません。決して「綴りと意味」だけ覚えて「発音」を置き去りにするようなことがあってはならないのです。

とはいっても、「綴りは分かるけど発音が分からない」というのはよくあることです。

例えば、「同時通訳」を英語で何というのか知りたくて和英辞典で調べたら、simultaneous interpretation と出ていたが読み方が分からない、とか、vanilla をどういうアクセントで発音するのか自信がない……そんなとき、一番手っ取り早いのは「発音できる人に訊く」こ

とです（当たり前じゃないかと言われそうですが）。

　では、すぐそばにそのような人がいないときはどうすればいいでしょうか。今は電子辞書や辞書アプリ、ネット上の辞書で発音が聞けますが、それもない場合、頼りになるのが発音記号です。発音記号を知っていれば、「辞書を引いて発音を知る」ということが可能になるのです。

　もちろん、綴り字と発音についての原則を知っていれば、かなりの確率で正しい発音が推測できますが、owのように2通りに発音される綴りもあれば例外もあります。アクセントにいたっては、多くの場合予測が困難です。

　とはいえ、綴り字と発音の原則を知っているのと知らないのとでは、発音記号で発音を調べるときの負担がまるで違います。フォニックスに加えて発音記号も知っていれば鬼に金棒。もう単語が読めなくて頭を抱えることはありません。この後ご紹介するコツを読めば、そのことがお分かりいただけると思います。

発音記号で発音を知るためのコツ

　simultaneousを正しく発音できますか？ローマ字読みで「シムルタネオウス」なんて言っても通じませんね。では、この単語の発音を辞書で調べてみましょう。

　発音を辞書で調べるときに、いの一番にチェックしなくてはいけないのは、アクセントの場所です。

　アクセントのつけ方を間違えると、ひとつひとつの音をいくら正確に発音しても通じません。そして、アクセントのある母音は他の母音と聞き間違われないように「はっきりと」発音することが大切です。

　逆に、アクセントのない母音は力を抜いて「あいまいに」発音するのがコツです。

　simultaneous の発音は、辞書では /sàıməltéıniəs/ と出ています。母音の上についているのがアクセント記号で、2か所あります。このうち、/e/ の上についている ´ が一番強く読むところです。よく見ると /eı/ のように母音が2つ並んでいますが、これは第1章でお話しした、「エイ」とひと続きに発音する「二重母音」です。

　/a/ の上には向きが反対の ` という記号がついています。これは先ほどの /eı/ ほどではないけれどもやや強く読むところです。やはり /aı/ のように母音が2つ並んでいるので二重母音です。ひと続きに「アイ」と発音しましょう。

　母音の上に何もついていなければ、そこは強く読みません。とりわけ途中の /məl/ や最後の /əs/ の /ə/ は第3章と第4章で紹介した「シュワー」と呼ばれる記号で、ここは力を抜いてあいまいに発音します。

　子音は綴り字通りに発音することがほとんどなので、わざわざ発音記号を見るまでもありませんが、念のために見てみると、

simultaneous /sàıməltéıniəs/

　……s、m、l、t、n、s、どれも綴り字通りに発音して OK だということが分かります。

📖 /ə/ ＝「ア」ではない！

　/ə/ は日本語の「ア」に似た音である、とまことしやかに言われることがありますが、それは間違いです。確かに先述の simultaneous では、/ə/ は力を抜いた「ア」でもいいのですが、condition /kəndíʃən/ では、2つある /ə/ は両方とも力を抜いた「オ」のようにも聞こえます。

　/ə/ の記号を見たらあまり難しいことは考えずに、綴りから想像さ

れる音を弱くあいまいに発音すればいいのです。

　ここで大事なのは、「弱くあいまいに」という点です。

　おおまかに言って、綴りが a ならば「ア」、e ならば「エ」、o ならば「オ」と言えば英語らしい発音になります。綴りが i のときは「イ」と「ウ」の中間のような何ともつかみどころのない音に聞こえます。u は、beautiful、careful のように -ful で終わる単語では「ウ」ですが、それ以外では「ア」。ou も「ア」で OK です。

コラム

/j/ は発音記号のグローバルスタンダード

　辞書で yet の発音を調べると、/jét/ と出ています。この /j/ という記号は、一見「ジ」の音のように見えますが、そうではなく「ヤ行」の子音、つまり y の音を表します。

　j の綴りは、英語では「ジ」の音ですが、ドイツ語では「ヤ行」の子音、スペイン語では「ハ」に似た音というように、言語によってさまざまです。

　発音記号には国際的な取り決めがあり、/j/ は「ヤ行」の子音を表すと決められているのです。いわば、発音記号のグローバルスタンダードというわけです。/j/ を見かけたときにはご注意を。

※次の例で練習してみてください。アクセントの場所と、/ə/ は力
を抜いて発音することを忘れずに。

about /əbáʊt/「アバウト」で OK。

unless /ənlés/「アンレス」で OK。

famous /féɪməs/「フェイマス」で OK。

careless /kéɚləs/「ケアラス」ではなく「ケアレス」。

condition /kəndíʃən/「カンディシャン」ではなく「コンディション」。

animal /ǽnəməl/

　　　　「アナマウ」ではなく「アヌィマウ」ないし「アヌマウ」。

careful /kéɚfəl/「ケアファウ」ではなく「ケアフウ」。

📖 発音記号は書き写したほうがいい？

このようにして調べた発音記号は、その都度ノートなどに書き写
したほうがよいのでしょうか。筆者自身、高校生の頃までは単語を
調べてはいちいち発音記号を写すということをしていました。しか
し、結論を言えば、答えは No です。

発音記号はあくまでも発音を知るための手段で、発音ができるよ
うになればもう用はないのです。でもせっかく調べた発音を忘れそ
うだというときは、次のような方法をおすすめします。

まず、アクセントですが、これは綴りを書いてその上に直接つけ
れば OK。母音については、大半は第 5 章で紹介した「長音」と「短
音」を表すフォニックスの記号をつければ解決します。

例えば simultaneous では、si の i は /aɪ/ つまり i の長音、ta の a は /eɪ/
で、a の長音ですから、

simultáneous

と書いておけばいいのです。アクセントのないところは /ə/ とい
う発音記号を書くよりは、綴りを見たほうがそれらしい発音ができ
ます。

　必ずしもこううまくいくとは限りませんが、そんなときは必要な
ところだけ、綴りの下に発音記号を書いておけばいいでしょう。

　子音はほとんどが綴り字通り発音されますから、s の下に /s/ なん
て書く必要はありません。ch の綴りは発音記号では /ʧ/ ですが、ch
を見れば発音は分かりますから、これも発音記号必要ありません。
chef /ʃéf/ のような例外的な単語のときは、ch の下に /ʃ/ と書いてお
けばいいでしょう。この場合も綴りで sh と書いたほうが気が利いてい
るかもしれません。

　s や th の綴りのように、無声音と有声音の両方があり得るときは、
有声音なら日本語の濁点（゛）を s や th の右肩につけておくという
手があります。これは筆者が大学時代にある先生から教わり、今で
も実践している方法です。

　発音記号をまるごと写すよりも、このように最低限のメモで済ま
せるほうが、英語の綴りと発音の関係についての感覚を養うことに
もなります。発音記号を書き写すと勉強した気分になる人がいるか
もしれません（かつての筆者がそうでした）。でも、その暇があった
ら、綴りを見ながらその単語を何度もつぶやいて、発音を覚えてし
まうほうが得策です。

❖ここで、これまでにお話ししたポイントをまとめておきましょう。

《発音記号で発音を知るためのコツ 5 箇条》

1. 何はともあれ、アクセントの場所をチェック。
2. アクセントのある部分がどんな母音かチェック。そこは
   ハッキリ発音する。
3. アクセントのない母音をチェック。
   もし /ə/ だったら、綴り字から想像される音を、力を抜い
   て発音する。
4. 念のため、子音が綴り字通りかを確かめる。
5. 発音を忘れそうなら、アクセントなど「必要最小限」をメ
   モしておく（その際できるだけ綴りにフォニックスの記号
   をつけるようにし、発音記号を丸写しすることは避ける）。

📖 発音記号通り読んだのに通じない?!

　people /píːpl/ を、発音記号通り「ピープル」と発音したのに通じなかった……といった話を聞くことがあります。確かに「ピープル」では英語の発音にはなりませんね。いったい何がいけなかったのでしょうか。

　そもそもの間違いは、/l/＝「ル」という思いこみにあります。

　第2章でお話ししたように、英語のLは後に母音がないと「ウ」や「オ」のような音になりますから、この場合は /l/＝「ウ」または「オ」と読んで、「ピープー」あるいは「ピーポー」と言えば、"発音記号通り"に言ったことになります。

　辞書の発音記号は、英語母語話者が"同じ音"として使っているものは同じ記号で表すのが原則です。ですから、彼らが無意識のうちに身につけている、英語の発音に関する《約束事》を心得ておくことが必要なのです。

　こういった約束事を知らなければ、フォニックスを知っていようと発音記号を知っていようと、宝の持ち腐れです。この本を読んでいろいろな約束事をマスターしたみなさんならもう大丈夫ですね。

📖 辞書によって発言記号が違うわけ

i vs. **ɪ**

　第4章で「長さ vs. 音色」と題して beat と bit の母音 /iː/ と /ɪ/ の違いをお話ししました。

　読者の中には /ɪ/ という記号になじみのない方もいらっしゃるかもしれません。というのも、辞書の中には、/i/ と /ɪ/ の両方を /i/ で表

しているものが少なからずあるからです。そのような辞書では beat と bit の母音はそれぞれ /iː/ と /i/ のように、長音符号 /ː/ の有無だけで違いが示されています。

　手元に英語の辞書があったら、試しに bit という単語を引いてみてください。/bít/ となっていれば /i/ と /ɪ/ を区別している辞書、/bít/ となっていたら区別していない辞書ということになります（上にアクセント記号がつくと /i/ の上のドット〈点〉と重なってしまって少々分かりにくいのですが ......）。

　辞書や教科書では長い間 /ɪ/ の記号を使わずに、beat の母音は /iː/、bit の母音は /i/ と表記してきましたが、ここには「/i/ は /iː/ よりも少し口を開いて発音する」という約束事が込められていたのです。これはイギリスの有名な発音辞典が初版から行ってきた方式ですが、その発音辞典も最近の版では長短の違いだけでなく、音色の違いも表すようになり、/iː/、/ɪ/ と書き分けるのが次第に一般的になってきました。

　/ɪ/ の記号を使っていない辞書では、/i/ が日本語の「イ」の音を表すのか、「イ」と「エ」の中間の音（= /ɪ/）を表すのかを自分で判断しなくてはなりませんが、次のように考えれば簡単です。

　（1）後ろに長音符号 /ː/ がついている
　　　→/i/（meat /míːt/）
　（2）二重母音の後半部
　　　→/ɪ/（day /déi/→/déɪ/ と考える）
　（3）それ以外
　　　→ /ɪ/（big /bíg/→/bíg/ と考える）
　（例外）語末（またはほかの母音の前）でアクセントがない
　　　→/i/（happy /hǽpi/, previous /príːviəs/）

ネイティヴスピーカーは発音記号を知らない？

　英語教師としてトレーニングを積んだ人は別として、一般のネイティヴスピーカー（英語母語話者）は発音記号を知らないのがふつうです。そもそも彼らは基本的な単語の発音は耳から覚えて知っていますし、そうでない単語も、綴り字と発音の関係を身につけているので、綴りから容易に発音を推測できるのです。

　ネイティヴスピーカー用の英語辞書にも発音は書いてありますが、私たちがふだん見ている発音記号とはかなり違うものです。

　アメリカで辞書の代名詞のようになっている Webster を見ても、特別な記号は ŋ と ə くらいのもので、それ以外は英語の規則的な綴り字を利用した、フォニックスの表し方に似たものです。

　試しに *Dictionary by Merriam-Webster*（オンライン版）で simultaneous を調べると、

　ˌsī-məl-ˈtā-nē-əs

と出ています（ˈ と ˌ の記号はアクセントの位置を表します）。綴り字と発音の関係が身についている彼らにとっては、このような書き方のほうが分かりやすいというわけですね。

u vs. ʊ

/u/ と /ʊ/ についても、両方を /u/ と表している辞書がありますが、/i/ と /ɪ/ の場合と同じように考えてください。ただし、日本国内の教材や辞書には /ʊ/ の代わりに /ᴜ/（小型大文字の u）を使っているものもあります。

❖ なお、主にアメリカの出版社から出ている英会話のテキストや発音教本では、長音符号を使わずに音色の区別だけを表記しているものもあります。下に表の形でまとめておきますので、参照してください。

例	長さと音色	長さの区別だけ	音色の区別だけ
beat	/iː/	/iː/	/i/
bit	/ɪ/	/i/	/ɪ/
pool	/uː/	/uː/	/u/
pull	/ʊ/	/u/	/ʊ/

ɚː vs. əːr

もうひとつ、辞書によって発音記号が違う例として、やはり第4章で紹介した hurt を取り上げましょう。この本では /hɚ́ːt/ と表記しましたが、この /ɚ/ という記号は、r と同じように舌先を反り返して発音する母音を表し、hooked schwa「かぎ付きのシュワー」という名前がついていましたね。「シュワー」というのは先に紹介した /ə/ のことで、この右肩のところに r の右上のフック（hook＝かぎ）の形をくっつけてできたのが /ɚ/ というわけです。

多くの辞書や教科書では、hurt の発音を /hə́ːrt/ と表しています。これは、スペースを節約するためにアメリカ英語とイギリス英語の

発音をいっぺんに表そうとして考案された表記法で、「イギリス英語ではイタリック体の /r/ は発音しない。アメリカ英語では /r/ が直前の /ə:/ と合体して1つの母音（= /ə:/）になる」という、（ちょっと複雑な）約束事に基づいたものです。

イギリス英語の hurt は舌を反り返さずに /hə́:t/ と発音するので、/r/ を無視すればいいだけなのですが、アメリカ英語については誤解している人が多いので注意してください。「/r/ が直前の /ə:/ と合体する」ということを知らずに、/hə́:rt/ という記号を見て「なるほど、アメリカ英語では /ə:/ の後に /r/ を言うのだな」と思い込み、/ə:/ を発音した後に舌を反り返す人が少なくありません。アメリカ英語では hurt の母音は最初から舌を反り返して発音することをくれぐれも忘れないでください。

また、heart /hɑ́ət/ は、イギリスでは /hɑ́:t/ と発音されますが、多くの辞書ではまとめて /hɑ́:rt/ のように表記しています。

※ 以下に、/ə/ の音に関連した本書の表記と、辞書でよく見かける表記の違いをまとめておきます。

例	アメリカ英語	イギリス英語	辞書でよく見る表記
hurt	/ə:/	/ə:/	/ə:r/
heart	/ɑə/	/ɑ:/	/ɑ:r/
horse	/ɔə/	/ɔ:/	/ɔ:r/
here	/ɪə/	/ɪə/	/ɪər/
care	/eə/	/eə/	/eər/
tour	/ʊə/	/ʊə/	/ʊər/
teacher	/ə/	/ə/	/ər/

このほか、/e/ ではなくて /ɛ/ という記号を使っているものなど、辞書や教科書によって発音記号に多少違いがありますが、読者のみ

なさんにとって大切なのは、自分がふだん使っている辞書などで発音記号を見たときにそれを正しい英語の音に変換できることです。

これには、《発音記号で発音を知るためのコツ》や、《英語発音の約束事》に加えて、《自分が愛用している辞書などの約束事》を知っておくことが必要です。

そのためにも辞書の発音記号解説に目を通しておくことをおすすめします。

コラム

pocket は「パキット」？

いまさら pocket の発音を調べる人はいないと思いますが、辞書には /pάkɪt/ と出ています（イギリス音は省略）。これを「パキッ（ト）」と読んだのでは pocket にはなりません。

/ɪ/ はアクセントがないとあいまいな発音になりますが、特に綴りが e のときは /e/ をぼかしたような音に聞こえます。ですから、pocket は「パケッ（ト）」（ただし「ケ」はぼかして）と発音すればいいのです（village /vílɪdʒ/「ヴィレジ」のように綴りが a のときも同じです）。

このように、アクセントのないところでは発音記号を気にしすぎるとかえって変な発音になることがあります。むしろ、「綴り字からイメージされる音を弱くあいまいに」、と考えるとよいでしょう。

📖 発音がいくつもあるときは

同じ単語にいくつかの発音が示されていることがあります。その
ひとつはアメリカ発音とイギリス発音の違いです。

たいていの単語はアメリカ発音とイギリス発音とでそう大差ない
のですが、大きな違いがあるときは、日本の辞書では「アメリカ発音、
イギリス発音」の順に掲載しているものがほとんどです。

その場合、縦棒（|）で区切っている辞書、セミコロン（;）で区切っ
ている辞書などいろいろあるので、注意してください（イギリスや
アメリカの辞書では、それぞれイギリス発音のみ、アメリカ発音の
みというのが一般的です）。

それとは別にいくつか発音がある場合は、普通は最もよく聞かれ
る発音から先に掲載しています。

📖 カタカナで発音を書いてもいいか？

みなさんは、英語の発音をカタカナでメモすることはありません
か？もしそうなら、どんなふうにメモしていますか？

もしも simultaneous を「サイマルテイニアス」などと書いている
のでしたら、それは発音をマスターする上ではマイナスですから、
一刻も早くやめましょう。simultaneous の l は「ウ」や「オ」のよう
な l ですから、「ル」と書いていてはいつまでたっても "通じる発音"
は身につきません。

そうではなく、とにかく "聞こえた通り" に書いている、という
のであれば話は別です。simultaneous をネイティヴスピーカーが発
音するのを耳を澄まして聞いて、例えば「サイモーテイニャス」の
ようにメモするのであれば、一概に悪いこととは言えません。

　筆者は中学1年の頃、NHKラジオの「基礎英語」を聞いていましたが、アメリカ人の発音する英語がどうしてもその単語には聞こえなくて、しばしば戸惑いました。

　twenty は発音記号を見ても /twénti/ と書いてあるのに「トゥェンティ」には聞こえません。聞き方が悪いのかと思い、「『トゥェンティ』だぞ」と自分に言い聞かせながら聞いても「トワニ」としか聞こえないのです。そんなとき、仕方なく、twenty の下に「トワニ」とカタカナ書きするのでした。

　こういう単語はいくつもあって、little は「リドゥー」、girl は「ガロー」というふうに"読み仮名"をふっていました。

　あるとき、Hello. の下に「ヘロウ」と書いてあるのを見た親戚のお姉さんに、「ヘロウじゃなくてハロウでしょ?」と言われましたが、それでも私には「ヘロウ」にしか聞こえませんでした。

　こんなふうに、自分にとって《予想外》の発音に出会ったときに"聞いたままを書く"のであれば、とりあえずカタカナでメモしておくというのもひとつの手です。

　この本で英語の音をカタカナ書きしたのも、あくまでも「私たちにはどう聞こえるか」「どういうつもりで発音すれば英語らしく聞こえるか」ということをお伝えするためでした。

　しかし、この本で紹介している英語の音を聞き取るためのさまざまな"コツ"を心得ておけば、かなりのものは《予想の範囲内》になるはずです。そのとき、あなたにとってもうカタカナは必要なくなっていることでしょう。

コラム

英語にはいくつ音があるのか？

「英語にはいくつの母音や子音があるのですか？」

こんな質問をよく受けます。一見、基本中の基本のように思えるこの質問、実は答えるのは予想以上に難しいのです。

子音については一応24個と考えてよいのですが、母音は、見方によって十数個とも二十数個ともいえるのです。

それは英語の母音をどのように分析するか、その分析のしかたの違いによります。

ひとつだけ例をあげれば、二重母音の /ɑɚ/（heart、car などの母音）はこの本では独立した1個の母音と見なして説明しましたが、これを hot の母音 /ɑ/ に子音 /r/ が続いたものと分析する考え方もあります。そうなると独立した1つの母音ではなくなるので、母音の数は1個減ることになります。

このようなことがあるので、英語の母音はいくつ、とは簡単にはいえないのです。

この本では、英語学習者にとって分かりやすい分析に基づいて英語の音を紹介しています。巻末に子音と母音の一覧を載せましたので、ご参照ください。

第 7 章

ところ変われば音変わる

平山真奈美
Hirayama Manami

英語にも方言差がある

　これまでの章では、イギリス英語では母音に r の響きが聞かれない（例：car）など、一部の記述を除き、基本的にアメリカの標準的な英語を扱ってきました。しかし、この発音が世界のどの英語でも使われているわけではありません。文の語順などにはあまり大差が見られませんが、発音は、話し手の出身地域や社会的背景（労働者階級であるか中流階級であるか、など）に応じてかなりの違いがあります。

　つまり、英語にも方言差があるのです。

　例えば、tomato の発音は、アメリカでは「トメイトゥ」ですが、イギリスでは「トマートゥ」、また、カナダでは a が短音となって /təmætoʊ/ と発音されたりします。

　ほかにも、schedule はアメリカで「スケジューゥ」ですが、イギリスでは「シェジューゥ」、either/neither はアメリカでは「イー ther」／「ニー ther」ですが、イギリスでは「アイ ther」／「ナイ ther」。herb（ハーブ）はアメリカでは綴り字の h が発音されませんが、イギリスでは発音されます。

　聞き慣れていない方言の地域を訪れて立ちつくすしかなかったというような経験も、十分うなずけますね。

　英語が「聞き取れない」という場合、その原因が方言差についての知識や経験が不足していることにあるかもしれないわけです。

　英語には、方言差がある——この心構えがあるのとないのとでは、英語でコミュニケーションを図るときの緊張度が違ってくることでしょう。

　この章では、英語の発音がどれほどバラエティーに富んでいるかに触れます。(1) 英語とは思えないような発音に出会っても面食らわない心構えをつける。そして、(2) 自分の学習の「手本」とする方言を選ぶ際に手助けとなるような事実を知る。この2点がこの章の目標です。

　といっても、ただやみくもに探索するのではありません。先ほどの tomato などの例はその単語だけに見られる違いなので、出会うたびに覚えるよりほかないのですが、多くはそんなランダムな話ではありません。「アメリカ英語の○○という母音が、△△方言ではそろって××と発音される」というように、システマティックに「違う」のです。

　一度知識がつけば、その「違い」は、方言が変わったときにその母音あるいは子音を含むすべての単語に応用ができるというわけです。

　北アメリカ内部、イギリス、そしてオーストラリアへと話は及びますが、まずは北米内部の話から。

アメリカ英語もいろいろ

「ア」も「オ」も「オー」も全部「アー」?

　知りあいのカナダ人の先生と一緒に、大学構内にある小道を歩いていたときのこと。先生曰く、この道には名前がついていて、「Philosopher's ワー（ク）」というんだよ、と。

　work ではありません。r の響きはなくて、文字通り「**ワー（ク）**」

とおっしゃったのです。

　実は、この小道の名前は Philosopher's **Walk** でした。日本のどこかでも聞いたことのあるような名前ですが、「walk は**ウォーク**」と思い込んでいては、想定外の「**ワー（ク）**」からは、正しい名前が浮かんでこないでしょう。

　実はこれは、第 4 章、第 5 章でも少し触れましたが、北米で広く聞かれる発音です。アメリカの中部から西部にかけて、それからカナダの大部分の地域では、/ɔː/ は「オー」ではなくて、「アー」に近く発音されます。ですから、**walk**、**sauce**、**water** は「**ウォー（ク）**」「**ソース**」「**ウォーラー**」ではなくて、「**ワー（ク）**」「**サース**」「**ワーラー**」と聞こえてくることがあるでしょう。

　これらの地域で、これと似たように聞こえてくる母音に、hot の /ɑ/ や father の /ɑː/ があります。私たちは日本語が母語だから、これらの音が同じに聞こえてしまうのでしょうか？

　いいえ、実はすべて「本当に」同じ、と思ってまず間違いありません。第 4 章で登場した /ɑ/（**hot**、**lock**、**stop**）と /ɔː/（**walk**、**caught**、**sauce**）、これに /ɑː/（**father**）を加えた 3 つの母音は、こちらにとって同じに聞こえるばかりでなく、彼らも同じ音と考えています。これら全部に区別をつけない人にとっては、つける人に比べて、母音の数が 2 つ少ないということになります。

This assignment is ドゥー・ウェンズデイ.
課題は水曜日にやればいい？？？

　みなさんは new、Tuesday をどう発音するでしょうか。「**ニュー**」「**テューズデイ**」？　それでまったく問題ありません。しかし北米では、「**ヌー**」「**トゥーズデイ**」という発音をする話者が多いというのはお気づきでしょうか。

　アメリカのニュースをテレビやラジオで聞いてみてください。**news** は「**ニューズ**」ではなくて「**ヌーズ**」と聞こえてくることがあるでしょう。

　これは、英語には / juː/ という母音がありますが、第 5 章で扱った /s/ や /l/ や /r/ に加えて、これが /t/、/d/、/n/、/θ/、/z/ の後に来ると、アメリカの大部分の話者は、最初の出だしの部分がとれた母音 /uː/ をあてるためです。/juː/ をあてる方言の話者は、news を /njúːz/、Tuesday を /tjúːzdeɪ/ と発音しますが、アメリカでは、/núːz/、/túːzdeɪ/ となるわけです。

　アメリカやカナダで、

　This assignment is /dúː wénzdeɪ/

　と言われたら、その課題は due Wednesday（水曜日締め切り）であって、do Wednesday（水曜にやれ）ではありません。発音だけから考えればどちらの可能性もありますが、後者は文法的におかしいですね。

I want a ピィェン.
ほしいのは「ピン」？それとも「ペン」？

　アメリカの一部では、/ɪ/（pin）と /e/（pen）の 2 つの母音が、/m//n/ あるいは /ŋ/、つまり鼻音の前に来ると、同じ音色になって、鼻にかかったような [ɪ]（「イ」と「エ」の中間くらいの音）に発音されます。「朝 10 時に」は「at ティェン a.m.」ですし、「70 セント seventy cents」は「セヴニィスィェンツ」と聞こえてくるでしょう。

　Could you pass me the ピィェン , please?

　と頼まれたら、この「ピィェン」は、「ピン」と「ペン」のどちらでもあり得るわけです。音だけ聞くと、どちらを渡せばよいか迷ってしまいますが、たいていの場合は場を見て判断がつくでしょう。

イギリス英語はもっといろいろ

イギリス英語の「短い a」は長い?

　さて、大西洋を隔ててイギリスでの発音事情はどうでしょう。第6章で、イギリス英語では、アメリカ英語で母音に r の響きがあるところでその響きがないとご紹介しました（例：car、four）。学校で、そしてこの本のこれまでの章で、一生懸命舌を反り返らせて練習した r の響きには、イギリスではとんとお目（耳?）にかからない、ということでしたね。

　これは、イギリス（イングランド）南部の標準的な発音の特徴なのですが、もうひとつ、この方言に特徴的な発音があります。「短音の a」がいつも /æ/ であるとは限らず、ある条件の下では、father の最初の母音と同じ /ɑː/ で発音されるというものです。

　下の例文を見てください。

I can't ask her to dance with me.

　太字で示された部分の母音は、アメリカ英語では /æ/ ですが、イギリス英語では /ɑː/ となり、それぞれ「カーン（ト）」「アース（ク）」「ダーンス」のように発音されます。

　ただ、「短音の a」すべてが /ɑː/ となるわけではなく、そうなるのは後ろに /s/、/f/、/θ/ がくるときです（例：ask、half、bath）。

　また、後ろに /n/ + 子音、/m/ + 子音がくるときにもそうなることがあります。上の例はこれらの条件を満たしていますね。反対に言えば、この条件に合わなければ必ずアメリカ英語と同じく /æ/ を使

います。例えば、cat や have は、/kǽt/、/hǽv/ です。

　can も、「カーン」とはなりません。英米ともに、「缶」の意味のときと助動詞「できる」の強形のときは /kǽn/、助動詞の弱形のときは /kən/ です。英米で差が出るのはこの助動詞の否定縮約形 can't の発音で、アメリカ英語では /kǽnt/「キャーン（ト）」ですが、イギリス英語では /kάːnt/「カーン（ト）」となります。

　ただ、/s/、/f/、/θ/（や /n/ ＋子音、/m/ ＋子音）の前でも /ɑː/ とはならない例外があって、例えば gas（ガス）や Mass（ミサ）はアメリカ英語同様 /gǽs/、/mǽs/ です。

　このような例外がありはするものの、日常使われる語の多くが規則的に /ɑː/ となるので、この音を耳にする機会は意外と多いのです。

　ちなみに、ここで思い出したいのは、綴り字 ar の発音です。イギリス英語では r の響きの取れた発音でした。つまり father の /ɑː/ で、今お話ししているのと同じ母音です。ですから、例えば、次の文の太字部分は全部 /ɑː/ になります。

We aren't starting the party until the afternoon.
（パーティーは午後まで始まりません）

Oh, there's the ブス.

　ロンドンから少し北上してみましょう。

　イギリスの中・北部は、南部と比べると発音の印象が大分違います。日本で関東と関西の発音は誰が聞いても違う、というのに似た関係とでもいいましょうか。

　その違いのひとつに、bus や but の母音があります。これらは、「バス」「バッ（ト）」ではなくて、「ブス」「ブッ（ト）」のように発音されます。

北部では、この母音と bush（藪、アメリカ第 41、43 代大統領のブッシュ）、foot（足）などの母音 /ʊ/ との間に区別をつけません。南部の標準的発音ではアメリカ英語と同じく、例えば bus を /bʌs/ と発音しますが、イギリス北部では、bus と bush に同じ母音を使って /bʊs/、/bʊʃ/ と発音します。

　バス停で後ろの人が Oh, there's the ブス . と言ってきても、驚いて人を探してはいけません。その人は単に、「あ、（自分の乗るバスが）来た来た」と言っているだけです。

バスの番号はアイチ・アイ（ト）.

　イギリスの方言の話の最後に、ロンドンのバス乗り場での私の経験をひとつ。

　私　　　: Excuse me. Which bus can I take to XXX?
　運転手　: アイチ　アイ（ト）！
　私　　　: Sorry?
　運転手　: アイチ　アイ（ト）!!!

　私は自分の耳を疑いました。ポカンとしている私を見て、運転手は乗るべきバスを示してくれましたが、指差された方向を見ると「H8」とあります。「エイチ　エイ（ト）」のはずでは？ とお思いの方、そうです、アメリカやロンドンでも標準的な発音ではそうなります。しかし、この運転手の方言では、「アイチ　アイ（ト）」なのです。

　これは、ロンドンの労働者階級に特徴的な発音です。イギリスでは伝統的に、発音が話し手の属する階級をも語ることがあります。「エイチ　エイ（ト）」と「アイチ　アイ（ト）」とではどこが違うのか。異なるのは母音で、「エイ」が「アイ」です。

映画『マイ・フェア・レディ』（1964 年、米）をご覧になった方は、あるシーンを思い出されるかもしれません。ロンドンで労働者階級の住む地域に育ったイライザが、

The rain in Spain stays mainly in the plain.

を「The **ライン** in **スパイン スタイズ マインリ** in the **プライン**」と発音し、標準的な英語を話す Higgins 教授から注意を受け、「The **レイン** in **スペイン ステイズ メインリ** in the **プレイン**」と発音するよう指導されていました。

　この方言には、もうひとつ特徴的な現象があります。標準的発音で h のあるところで、その h が発音されなくなるというものです。
　世界七不思議のひとつ Stone Henge の Henge は「ヘンジ」でなく「**エンジ**」ですし、**h**ammer は「**アマ**」、**h**all と all はどちらも「**オーゥ**」です。
　ふたたび、映画『マイ・フェア・レディ』で、イライザが Higgins 教授の名を「**イギンズ**」と発音し、これも矯正されていましたが、これがどうしてかもうお分かりでしょう。最初の h を発音しなかったからです。

オーストラリア英語はロンドン英語のよう

　「エイ」が「アイ」、と聞いて、オーストラリアやニュージーランドへいらしたことのある方は、あれ？と思われたかもしれません。そうです、同じ現象がこれらの地域でも見られます。例えば today は「トゥダーイ」と発音されます。
　こんなエピソードがあります。第二次世界大戦中、イギリス軍と

オーストラリア軍が合流した際、英軍の隊長がオーストラリアから来た兵士に、

Did you come here **to die**?
「死ぬ気で来たんだろうな」

と糾(ただ)したところ、このオーストラリア兵士は、

No sir. I came here yesterday.

と答えたそうです。彼にとって「トゥダーイ」という発音は、today にあたる発音のため、「今日着いたのか？」という質問に聞こえた、というわけです。

❖ここで問題です。

day を「ダーイ」のように発音するオーストラリア英語、そしてロンドンの一部、の話者は、dye（染める）をどう発音すると思いますか？イギリス南部の標準的な発音やアメリカ英語では「ダーイ」と発音します。彼らと同じでしょうか？

違います。それでは day との区別ができなくなってしまいます。思い出してください。彼らは day を「ダーイ」のように発音するのです。英語話者である以上、彼らにとっても、アメリカ人と同じように day と dye の区別を発音上つけるのは重要なことです。同じでは困ります。

そこで、彼らは dye を「ドァーイ」のように発音します。つまり、彼らの /aɪ/ は私たちには「オイ」に近く聞こえます。といっても、

150

あまり唇の丸めはなく、むしろ、口を大きく開けて、あくびをする
くらいの発音から始める、というほうが適切なのですが。

　第三者が聞いた感じでは、「イギリス南部標準・アメリカ」対「オー
ストラリア・ロンドン一部」で重複している部分があるのにお気づ
きですか。

　この関係を図式化してみましょう。点線で結ばれた2つの音が私
たちの耳にはどちらも「アイ」と聞こえてきます。でも、それぞれ
のグループ内ではきちんと2つの母音の区別がついているのが分か
ります。

	英南標準・米	豪・英南一部
/eɪ/ day, bay	エーイ	アーイ
/aɪ/ dye, buy	アーイ	オーイ

　この「ズレ」から、さらに疑問がわいた方がいらっしゃるかもし
れません。イギリス南部の標準的発音やアメリカ英語での「オイ」
（boy など）は、オーストラリアではどうなるのか、です。

　buy が「ボーイ」のように発音されるので、boy がこれと似てしまっ
てはやはり困ります。そこで boy には、buy の「オイ」からはまた
少しずれた音色が使われます。どのようにズレるかといえば、buy
に比べて口の開きが小さく、さらに唇ももっと丸めた音から始めま
す。私たちの耳には「ブォイ」のように聞こえるかもしれません。

　下の表で、方言間の「ズレ」を再度比較してみてください。3つ
の母音を区別して発音していることは共通ですが、同じグループの
母音に対して方言によって音色が異なるのが分かりますね。

	英南標準・米	豪・英南一部
/eɪ/ bay	エーイ	アーイ
/aɪ/ buy	アーイ	オーイ
/ɔɪ/ boy	オーイ	ウォイ

📖 なぜ違うのか──方言差の生まれたわけ

　一口に英語の発音といっても、話し手の地理的あるいは社会的背景によって多様であることがお分かりいただけたでしょうか。

　ここで、もう一歩踏み込んで、「なぜ」発音の方言差が見られるのか、に迫ってみましょう。

　カギは、発音が変化するということと人々の居住の歴史にあります。発音の変化は語彙の変化ほど素早くは起こらないのですが、確実に時間軸に沿って進んでいます。ある方言で遅かれ早かれ発音に変化が生じ、その結果、ほかの方言と違う特徴を帯びるようになったのです。

　また、移民の出身地域などのバックグラウンドが、移民先の方言の基盤を作ります。例えば、アメリカでは初期の移民の出身地が一様ではなく、それが方言差を形成したという歴史があります。

　ただ、北米やオーストラリアでは、イギリスに比べて、地理的に広大な面積にわたって発音の差に乏しいという特徴があります。

　これは、イギリスからの初期の移民が、比較的短期間のうちにこれらの大陸全土に拡散したことによります。移民たちそれぞれの出身地で話されていた発音が、新世界での移住地域拡大とともにあっという間に広まったのです。

　翻って、この事実は、大陸をまたいだ方言差と移住の時期から、

方言差の生じた軌跡をたどれることを示唆しています。

　発音変化の軌跡をたどってみると、意外や意外、アメリカ英語の
ほうがイギリス英語よりも古い発音を残していることが分かった
り、オーストラリア英語がロンドンの英語に似ている「わけ」も解
明されます。

　例えば、アメリカではrの響きのある母音が、イギリスではrの
響きが聞かれない、という話は既に紹介しましたが、この発音、実
はアメリカのrのある発音のほうが古い形です。

　この現象は、移住の時期と出身地に関係があります。次ページの
図をご覧ください。横に伸びた矢印は移民の動き、縦軸は時間の経
過を示しています。この図では、大まかに「イギリス」と表現して
いますが、イギリス内部にも色々な方言があることはすでにお話し
しました。ここでの「イギリス」は、以下に述べられている現象が
起こったそれぞれの方言のことをさすと考えてください。

　現在アメリカでrの響きが聞かれるのは、アメリカ方言の基盤と
なった方言を話していたイギリスからの移民の話す英語にrの響き
があったため、と考えられます。新世界へ移住の後彼らは西漸を開
始し、さらに、西漸は瞬く間に進んだため、このrの発音は、北米
の広大な地域にわたって現在まで保持されることになりました。

　他方、イギリス英語では、ロンドン付近の方言でrが消失すると
いう変化が起こり、広まりました。用心深い読者の方の中には、r
が「イギリスで消失した」のではなくて、「アメリカで新しく加わっ
た」のかもしれないではないか、と疑問に思われる方がいらっしゃ
るかもしれません。しかし、そうでないことは綴り字から推察され
ます。

　car /ɑɚ/、war /ɔɚ/ などのrが、もともとは発音されていなかった
のにわざわざ綴られているとは考えにくいからです。

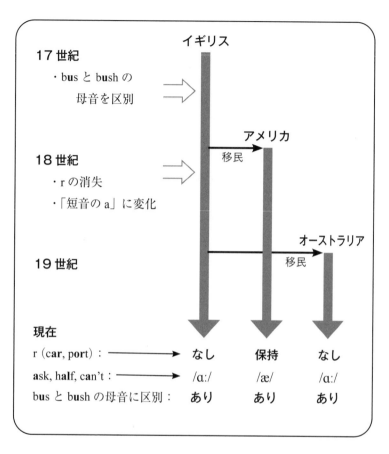

　ところで、イギリス英語からrが消失してから後も、消失した地域からの移住、またはその地域と交流の続いたところへは「rの消失」がもたらされます。オーストラリアやアメリカの東海岸でrが聞かれないのはこのためです。

コラム

つなぎの R

　イギリス英語では母音で綴り字に r があっても r の響きは聞かれない（例：car、cart、star）、ということでしたが、実はいつもそうだというわけではありません。後に母音が来れば、その r はアメリカ英語と同じように発音されます。

　car accident、a star in the sky などがその例です。car、star が単独で発音されたら「カー」「スター」と r は出てこないのに、後続した accident や in が母音で始まっているために、r がひょっこり顔を出してくるのです。

　会話は一語一語ぶつ切りではありませんから、このような音連続の場面がたくさん作り出されるというわけです。

　次に、ask の a に見られる「短音の a」の方言差に注目してみましょう。

　この a の音は、現在北米では /æ/ と発音しますが、イギリス南部の標準的な発音では、ある種の子音が後続すると /ɑː/「アー」と発音されることがあるとお話ししました（can't /kɑːnt/、ask /ɑːsk/、last /lɑːst/、half /hɑːf/、bath /bɑːθ/ など）。

　実は、オーストラリアでもこれと同じような発音が聞かれます。再度前掲の図を見てください。「短音の a」は、昔はみな「短か」かったと思われますが、18 世紀にイギリスで変化が始まりました。

　アメリカ大陸へ初期のうちに渡った移民は、イギリスで起こっていたこの変化とは無関係で、その結果「短音の a」は現在でも「短く」、/æ/ です。

そして、オーストラリアへの移住は、この変化の起こった地域から、変化の後で始まったことだったので、それを反映してイギリス南部と似たパターンが見られるのです。

　この章でご紹介した方言差の中には、もっと古い形を残しているものもあります。

　イギリスの北部の、「バス」が「ブス」と聞こえるような発音は、/ʌ/（bus）と /ʊ/（bush）の母音を区別しないでどちらも「ウ」のように発音するからだ、と前に紹介しましたが、これがそうです。

　イギリスのほかの方言でも、昔は区別がなかったと思われますが、17世紀頃から変化が生じ、ある語群には違う発音、つまり唇の丸めを伴わない発音をあてるようになったと考えられます。/ʌ/ という母音が新たに加わったのです。

　北米やオーストラリアへの移住は、こうした変化の起こった地域からだったために、これらの地域でも /ʌ/（bus）と /ʊ/（bush）の区別があるわけです。

　発音の方言差の背景には、このように歴史的変化の裏づけがあるのです。

❖では、ここで問題です。オーストラリア英語で「トゥダーイ」（today）、「**アイ（ト）**」（eight）のような発音が聞かれるのは、どうしてでしょう。

　「ハエが口に入らないようにするため」という俗説があるようですが、このような説はもっともらしい衣をまとった間違いだと、ここまで読まれたみなさんは自信を持って言えるでしょう。

　オーストラリアのこの発音は、イギリスに源があるのでは……？とふんだ方は良い推察力をお持ちです。ロンドンの発音にもこの特

徴が見られることが、そこが起源であることを物語っていると推測できます。オーストラリアへの移住時に、彼らの出身地であるロンドンの一角で「トゥ**ダーイ**」（today）と発音されていたという歴史が見えてくるでしょう。

　最後に、アメリカ大陸内部で聞かれ、イギリスやオーストラリアではほとんどお目にかからない発音について考えてみましょう。

　アメリカ大陸では、hot /ɑ/、father /ɑː/、walk /ɔː/ の三母音がすべて区別なしに「アー」に近く発音されたり、news が「**ヌー**ズ」となる、とお話ししました。どうしてでしょうか。

　メカニズムは同じです。変化が生じたのです。しかし今度は舞台がイギリスではなく、北米大陸です。これらは、移住後、北米内部で進んだ変化です。

　ちなみにこれらの変化は、北米の中でもほぼ完了している地域と、今でも進行中の地域とがあります。北米のある地域で「**ホ**ッ（ト）」「**ウォー**（ク）」「**ニュー**ズ」と伝統的な発音をしている人がいても、それはたいてい年齢層の比較的上の人か、北米以外の出身者であって、同じコミュニティーに暮らす若者からはあまり聞かれないかもしれません。

＊　　　＊　　　＊

　「英語の発音」と一口に言っても、いろいろですね。

　この章ではほんの一部の例しかご紹介できませんでしたが、英語もひとつではない、ということがお分かりいただけましたでしょうか。

　発音は話者の地理的社会的背景を語ります。英語話者と会話をするときには、日本で異なる地域出身の人に出会ったときと同様、方

言差を期待してみてください。

　また、ご自分の発音が、会話の相手からはどの方言を学んだと判断されているのか考えてみると、面白いかもしれません。

第 8 章

何を、どうやって
勉強すればいいのか

斎藤弘子
Saito Hiroko

ここまで読んで、英語の発音を理解するために重要ないくつかの
ポイントやコツがお分かりいただけたと思います。

　紙幅が限られていますので、最低限必要なコツだけを選りすぐっ
て紹介しましたが、同時に、重要なことが何であるのかが際立つよ
うに提示したつもりです。「英語の聞き取りと発音について、何をど
のくらい勉強したらよいのか分からない」というみなさんの不安は、
かなり解消されたのではないでしょうか。

　最後のまとめとして、英語を学ばれるみなさんの目的に合わせた
目標設定と学習方法について、若干のアドヴァイスをしたいと思い
ます。

🗋 ゴールはどこか？

　言語は手段です。もちろん、それ自体を研究している学者もいま
すが、普通は言語、特に外国語を学ぶのは、それを使って何かをし
たいからでしょう。ということは、その目的が達成できればとりあ
えずは十分と言えます。

観光旅行者のゴール

　観光旅行が目的であるなら、空港からホテルにたどり着き、チェッ
クインを済ませ、レストランで食べたいものを注文し、見たいもの
を見て、買いたいお土産が買え、無事帰国できれば、それでいいわ
けです。

　これらの場面で使われることばは極めて限られていますから、文
法が間違っていても、発音がひどくても、だいたい通じます。観光
客は文字通り「お客様」ですから、相手は一生懸命分かろうとして
くれるでしょう。旅行で想定される場面でよく使われる単語や表現

を覚えてから、出発しましょう。

留学生やビジネスマンのゴール

　しかし、英語を使って、もう少し深く長い付き合いを目指している人にとって、その手段として使う英語の発音はどのようなものが望ましいでしょうか。

　相手の言っていることがほとんど聞き取れず、Pardon? の繰り返しでは嫌がられます。また、あまりにもたどたどしく、しょっちゅう What did you say? と聞き返されるような英語では、あまり深い話はできませんね。相手が恋人か英会話の先生でもない限り、一生懸命聞き取ってくれようとする気持ちには限界があるものです。

　では、観光旅行以上の滞在をしなければならない人たち、例えば英語圏に留学する予定の学生や、英語を使ってビジネスをする人は、どこまで勉強したらよいのでしょうか。

　この場合も、答えはやはり「目的が達成できるまで」です。留学生なら、講義が聞き取れてディスカッションに参加できるようになる必要があるでしょう。ビジネスマンなら、同僚や上司との日々の会話から、商談を成立させるまで、ということが目標になるでしょうか。

　いずれの場合も、聞き取る力と話す力の両方が必要です。とは言っても、観光旅行ほどではないかもしれませんが、使われる語彙は案外限られますから、まずは自分が関わる分野のよく使いそうな単語や表現を、正しい発音で頭に入れておきましょう。知っている単語が聞こえてくれば理解度も上がり、気持ちに余裕が出てきます。

　また、意見を述べる場面では、的確な用語や表現をとりあえず口にすれば、相手も同じ分野の仲間ですから、文が完成できなくても、多少文法が間違っていても、話を理解してもらえる確率は高いもの

です。

TOEIC 受験者のゴール

　まだ留学や転勤の予定はないけれど、就職や昇進のために TOEIC（Test of English for International Communication. Educational Testing Service というアメリカの非営利団体が作っている、英語によるコミュニケーション能力を測るテスト）を受ける必要があり、点数をもっと伸ばしたいという場合は、どのようなことに気をつけて勉強したらよいでしょうか。

　まず、この種のテストでは、「英語以外の要素で点数を伸ばすことができる」ということがよくいわれます。テスト会場の雰囲気と出題形式に慣れるだけで、英語力がついたというわけでもないのに100点近く点数が伸びるというのです。ですから、TOEIC の点数が給料に反映するのであれば、受験料に投資して何度も受けるのもいいかもしれません。

　英語に関わることでは、毎回ほとんど変わることのない指示文の英語を事前に市販の練習用テキストと付属音声などで勉強しておいて、本番であわてないようにしておきましょう。個々の問題についても同様に、同じような話題や表現が出てくるので、問題集を繰り返し解いておくと「慣れ」だけでなく会話で使われる英語の表現も身につき、一石二鳥です。

　TOEIC には、2007 年よりスピーキングのテストも追加されました。リスニング、リーディングの場合と同様、事前に練習用テキストやネット上で見られるサンプル問題などを通してテストの構成や英語で与えられる指示に慣れておくことは重要です。しかし、このテストの評価のポイントは、英語の子音や母音の発音が正確に、英語のリズムに乗って発音されているか、ということです。まさに本書で

取り扱った項目です。今一度見直して、身につけておきましょう。

英語のプロのゴール

　最後に、英語の教師や通訳になりたい人の場合はどうでしょうか。

　これらの人にとっては、英語は手段であると同時にそれ自体が目的であるといえます。英語のプロなのですから、目標はずっと高くなります。

　教師は、自分の発音がそのまま生徒の手本となるわけですし、聞き取りのコツをよく理解した上で生徒に教えなければなりません。この本で扱ったことは、英語を習い始めた頃教わっていれば「もっと早く上達できたのに」ということばかりですから、発音の方法と聞き取りのコツを、生徒に伝授できるようになってください。

　同じく英語のプロである通訳者になった場合、事前に書かれた原稿通りのスピーチや、ニュース原稿の翻訳を扱うのでないかぎり、職業上接する英語の発音はいわゆる「標準的」な発音でないことが多いと思っておきましょう。ですから、発音に関する基本的な事柄をおさえた上で、あらゆる種類の英語に耳を慣らしておくことが重要です。この本をひとつのきっかけとして、世界のさまざまな英語に関心を向けてください。

🗂 何を身につけなければいけないか？

　いずれの目的を持つ人も、それぞれのゴールを目指して勉強するわけですが、次にもう少し具体的に、英語発音の学習のポイントについてまとめます。

日本語にない音を「意識して」区別する

　英語学習の目的が何であろうと、誰もが絶対に覚えるべき発音と、時間のない人は無理に覚えなくてもよい発音というものがあるなら、必須項目だけを優先的に覚えるほうが効率的です。

　例えば、現代の標準的な日本語では「ジャ」と「ヂャ」は同じ発音で、区別して発音をする仕方が分からないのが普通ですが、英語では measure「メ［イ］ジャー」と major「メイヂャー」とでは、下線部の子音の発音が異なります（辞書でこれらの単語を調べて、発音記号が異なっていることを確認してください）。

　ただし、この発音の違いによって区別される単語の数は非常に少ないのです。おそらく英語を母語とする人たちも、その発音の部分のみで単語を聞き取るよりは会話全体の流れから意味をとっているのでしょうから、私たちがこのような音を正確に発音したり聞き取れるようになるまで練習したりする必要は、ありません。

　それよりも、もっと優先させるべき練習項目がほかにあります。

　例えば、/b/ と /v/、/l/ と /r/ の発音で区別される語や、/s/ と /ʃ/ で区別される語はたくさんあり、状況によって判断できないこともありますから、そういう音はとにかく発音できるようにするのが、てっとり早いのです。

　レストランで「ライス」と注文してもシラミが出されることはない、という主張に序章で触れましたが、英語を話す機会が多いと、/l/ と /r/ の区別ができないのでは、やはり困ることがあります。

Can you co_ _ect the papers for me after the test?

「テストが終わったら集めてくれる？／採点してくれる？」と言われた学生は、/l/ なのか /r/ なのかを聞き取れないと困るでしょう。

　/l/ と /r/ だけではありません。ほかにも、単語を区別するために英語にはあるけれど日本語にはない音がいくつかあります。それらは

せめて発音できるようになり、なるべく聞いて区別ができるようになっておかないと不便です。第4章の説明を読んで、練習してみてください。

英語の音の「ルール」を知る

反対に、tell という語の最後の /l/ は何回聞いても「ル」よりは「ウ」や「オ」に聞こえ、let の最初の音とは同じに聞こえません。でも、文字はどちらにもLをあてており、どうやら英語のネイティヴスピーカーはこの2つの音を「同じ」と考えているようです。

この /l/ に関しても、どういうときに「ウ」や「オ」に聞こえるか、ルールが存在するということを、第2章（35ページ）で説明しました。ということは、私たちもそのルールに従って発音すれば、より英語らしい発音になるわけです。

また、ある条件がそろうと音が「化ける」ということと、それが「どのように」化けるかを心得ておくと、聞き取りのときにもたいへん役立ちます。

/l/ の音が日本語の「ラリルレロ」であると思い込んでいては「オイオ」という語が、よく知っている oil（オイル、油）とは結びつきませんから、意味をなしません。いくら単語をたくさん知っているつもりでも、頭の中に置いてある音のイメージが日本語発音に基づいたものであっては、聞き取ったり発音したりしたものが意味をなさないのです。

label を「ラベル」としてしか知らないと、「レイボー」のように言われてもまさか自分の知っている単語だとは思わないでしょう（これは、第5章に出てきた綴り字と発音のルール、「フォニックス」を知っていれば正しい読み方ができる語であり、また第2章で読んだように、最後の -bel の部分は「ブル」ではなく、「ボー」のよう

な発音になります)。

　つまり、日本語を通して勝手に作り上げた発音のイメージと、実際の発音との間の「差」をいかに縮めるか、が課題です。

　個々の音(特に日本語にない音)をひと通り身につけた上で、それらがほかの音と連なったときにどのように発音されるかを知ることが重要です。第1章であげた「つながる音と聞こえない音」、第2章の「化ける音」、そして第3章で説明のあった「弱くなる単語」についての知識を深め、それに沿った聞き取りの練習を繰り返しましょう。

　また、発音する場合も、自分の発音を相手の頭の中にある音のイメージに可能なかぎり近づけるために、余計な母音などを加えないようにする、語と語をつなげて正しいリズムで発音する、という点に注意することが必要です。

　区別すべき項目を押さえ、それらの音の間にある区別の仕方のポイントが分かれば、練習を重ねることによってかなり「通じる」発音になるはずです。自分で発音できるようになれば、聞き取ることもずいぶん楽になるのですが、聞き取りに関しては、大人になってから学習しただけでは100点満点を取るのは無理であるという実験結果もあり、どうやら限界があるようです。しかし、努力がすべて無駄になるわけではありませんから、聞き取れないからといって落胆せず、その場を切り抜けるすべを身につけましょう。

リズムが大事

　日本人には同じように聞こえるけれども区別しなければならない音がある一方で、逆に違って聞こえるけれども同じものとして考えるべき音がある、と述べました。これらはいずれもいわゆる「子音」や「母音」という、ひとつひとつの音のレベルでの問題であり、英

語発音の中では比較的よく知られているものですが、非常に重要な
わりには、あまり学習書などで扱われてこなかった違いがあります。
英語と日本語のリズムの違いです。

　ワルツにはワルツの、マーチにはマーチのリズムがあるように、
言語にもそれぞれのリズムというものがあります。マーチのリズム
でワルツを演奏しても、ちっともワルツらしく聞こえないのと同じ
ように、日本語のリズムのままで英語を話したり、聞き取ろうとし
たりしても、うまくいきません。

　英語のひとつひとつの音の発音がよくできたとしても、リズムが
日本語のままだと英語を母語とする人たちには「分かりにくい英語」
「へたな英語」というふうに受け取られるようです。反対に、リズム
が英語的であれば、子音や母音の発音は正確でなくとも英語らしく
聞こえる、ということが実験の結果分かっています。

　日本語がタッタッタッタッと歩くようなリズムだとすれば、英語
はタララン、タラランとスキップするような感じと言ったらいいで
しょうか、ところどころ足早になる箇所があります。こうした足早
になる部分は、例えば、序章の冒頭に出した例文、

　Can you tell me how to get to the stadium?
の Can you...? が「クニュ」または「ケニュ」となるように圧縮され、
あいまいな母音で発音されます。この弱く短く圧縮して発音する部
分の練習をしておくことが大切です。

　また、このような発音の仕方が日本語にはありませんから、圧縮
された部分は非常に聞き取りにくく、英語学習者が苦手とする点で
す。しかし、実はこの圧縮された部分には、たいして重要な情報は
組み込まれていないことが普通なのです。聞き取るときには、そこ
に気を取られないようにすることがひとつのコツとなります。

　英語のリズムを知り、相手がわざわざ重要な情報とそうではない

情報にメリハリをつけてくれていることに気付くと、聞き取りが楽になります。

📖 何を手本にすればいいのか？

習いごとをする場合、普通「お手本」があるものですが、英語にも目指す発音の手本が必要です。その発音を完全にマスターする必要はありませんが、練習をするときのモデルがないと学習しにくいでしょう。

ちなみに、日本の学校で教えられている英語はほとんどの場合、文法も発音もアメリカの標準的なものです。教科書の付属音声の声は、圧倒的にアメリカ人のものが多いのです。

ヨーロッパで教えられるのはイギリス英語が一般的ですし、アジアでもイギリスの植民地であった国々では今でもイギリスの影響が強いですから、世界を見渡すと教育の場面ではイギリス英語のほうが多く使われています。

筆者がイギリスの大学にいたときに、「なんで日本人留学生はアメリカ英語をしゃべるの？」と聞かれたことがあります。外国から東京に来た留学生が、みんながみんな関西弁を話していたら不思議な感じがするように、イギリス人も日本人のアメリカ発音を聞いて違和感を抱くのでしょうね。

ところが、アメリカ英語とイギリス英語以外にも、現在ネイティヴスピーカーが母語として話している英語だけでもさまざまな発音があるということを、第7章で見ました。

地域的な違いとしては、アメリカ英語、イギリス英語、オーストラリア英語、カナダ英語などなど。つまり、英語が話されている国や地域の数だけ英語の種類があり、さらにそれぞれがもっと細かい

地域的な方言や、ある社会階層の人々が話す方言に分かれます。

　イギリスのウェールズ地方の人たちが話す英語の発音では、/r/ は日本語の「ラリルレロ」とまったく同じようで、car の ar の部分はアメリカの標準発音とは違って日本語式に「アー」と発音され、mat などの a の発音はアメリカやイギリスの標準発音の /æ/ ではなく、日本語の「ア」と同じです。そして go は「ゴウ」ではなく「ゴー」ですから、まさに日本語発音として非難されるような発音が多用されます。

　そういう発音を聞くと、「これでも英語？！」と驚いてしまうほど、今まで学校で習ってきた英語とはかけ離れているのです。驚くと同時に、いろいろあるのだから、あまり神経質にならずに伝えたいことを一生懸命に話せばいいのだな、と思えるようにもなります。

　地域方言や階級方言に加え、さらに外国語訛りの英語も今ではたくさん聞かれます。ニューヨークやロンドンに観光旅行で行った人が３泊４日くらいの滞在中に聞く英語は、ホテルの部屋にこもってニュースのアナウンサーの英語でも聞いていない限り、いわゆる外国語訛りの英語ばかりかもしれないくらいです。

　大都市で旅行客が接する可能性の高いホテルや商店の従業員は、世界各国からの移民であることが多く、彼らは母語の発音の痕跡が色濃く残る英語を使って、たくましく暮らしているのです。日本人だって、発音を間違えて恥をかくことを恐れて黙っているよりは、日本語訛りを気にせず、どんどん話してみればよいと思います。

　スパイにでもならない限り、訪れた現地の方言に自分の発音をいちいち合わせる必要などまったくありません。方言どころか、話し方のスタイル、つまり丁寧な発音かくだけた発音かについても、同じことが言えます。

　外国人である私たちの英語は、何はともあれ「通じること」が一

番大事なのですから、無理に相手に合わせてくだけた話し方を真似する必要もありません。むしろ、少し丁寧すぎるくらいが相手に分かってもらえてよいでしょう。アメリカ人相手だからといって water を「ワーラー」と発音しなくとも、「ウォーター」で十分なのです（ただし、「ワーラー」のようにある種の /t/ が「ラ行」の音で発音されるという知識は、アメリカ英語を聞き取るときにはとても重要です）。

発音の細かい違いがある程度分かるようになってきた上級者は、例えば出張先や転勤先がイギリスなら、イギリス発音を目指してみたくなるかもしれません。留学や仕事で長期間一箇所に滞在する場合は、その地域の方言を聞き取ることに慣れ、いつのまにか自分も土地の人と同じようなことばを使い、発音をするようになることも十分考えられます。I can't. を「アイカーン（ト）」と発音した瞬間、イギリスの社会に溶け込めたように感じた、と言う人もいます。

ちなみに、イギリスやオーストラリア、ニュージーランドに留学を考えている人は、カナダを含む北米に留学するときの TOEFL (Test of English as a Foreign Language. TOEIC と同じくアメリカの ETS という非営利団体が作っているテスト) ではなく、IELTS (International English Language Testing System.「アイエルツ」は、イギリスの団体によって運営されている英語検定試験) という英国系の英語テストの点数を入学願書とともに提出することを要求されることがあります。

このテストで主に使われている英語はイギリスの標準発音ですから、アメリカ発音とずいぶん違って聞こえます。テストを受ける前にネット上にある音声などを聞いて、イギリス発音に慣れておく必要があるでしょう。

行き先がすでに決まっているのなら、留学や転勤の準備のために

通う会話学校では渡航先の国から来ている先生を指名するなり、その国で使われている英語が録音されている教材を使うなりして、事前に慣れておくというのもいいでしょう。

　なお、筆者も関わった、次のようなウェブサイトがあります。アメリカ、イギリス以外にも、オーストラリア、ニュージーランド、アイルランドの英語、そしてインドやシンガポール、フィリピンなどの方々の英語発音も聴くことができます。

http://www.coelang.tufs.ac.jp/mt/en/
「東京外国語大学言語モジュール」

　初級者はとにかく最低限通じるように、上級者はその土地で話されている標準的な発音を少し丁寧に発音するように目指すのが理想的です。

　英語発音における「最低限」とはどのようなものであるか、「その土地で話されている標準的な発音」とは、どのようなことに着目すれば見出すことができるのか、この本の読者はもう、お分かりですね。

あらゆる情報を総動員して

　そして、ここでアドヴァイスをひとつ。

　実際に会話を交わす場面においては、聞こえてくる音声だけが情報ではありません。どのような場面で何の話をしているのか、話者の表情やジェスチャーというヒントもあります。相手が強調してくれている単語を聞き取り、その単語がこの場面では何を指しうるのかを考え、聞き取れた単語をつなぎ合わせるだけでも、かなりの情

報が得られるはずです。

　単語をつなぎ合わせるときのルール、つまり文法も非常に役立ちます。そのためにも、発音の練習を積むかたわらで、文法の勉強と語彙を増やす努力は怠らないことです。

　序章で、I'll teach her a lesson!（彼女にひとつ、教えてやる＝思い知らせてやる！）という文が「オー（ル）ティーチャーアレッスン」と聞こえるという話をしました。冷静に考えてみれば、all teacher は文法的におかしいし、All teacher a lesson. も動詞がない変な文だということが分かるでしょう。では、本当は何なのでしょう。本書に出てきた発音の理屈を使って、種明かしをしてみます。

　まず、/l/ の前の母音が変身することは第2章で見た通りです。しかも、第3章で読んだように、リズム的に I'll と her のような語は弱く発音され、弱く発音された代名詞 her の h は発音されません。

　このような可能性を知っていれば、強く発音された teach と lesson を聞き取り、そこから周辺を推測していけばパズルは解けるのではないでしょうか（話し手が、こぶしを振り上げて何やらとても立腹しているらしいことも見逃してはいけないヒントです）。

　もちろん、teach ～ a lesson という連なりを成句として知っていれば、ずっと早く正解にたどり着けるわけですが、「オー（ル）ティーチャーアレッスン」で止まってしまっては、いつまでたっても意味に近づけません。

語彙を増やし、音と綴りを結びつけよう

　話題がおよびそうな分野の単語は、できるだけたくさん覚えましょう。もちろん、正しいアクセントの置き方と正しい発音で覚えないといけません。

フォニックスという綴り字と発音のルールを知っておくと、英語のネイティヴスピーカーのように単語を見ただけでかなりたくさんの語の発音の仕方が分かることを、第5章で紹介しました。それでも分からないものは、辞書を見る手間を惜しまず、意味だけでなく発音も確認しておきましょう。

　せっかく聞き取れた音も、つなげてみたときに知っている単語にならなければ無意味な音の羅列にすぎません。反対に、聞き取れない音や音節があっても、最終的に頭の中にストックしておいた単語と結びついたとき、単なる音の羅列が情報になるのです。

🗂 どうやって練習すればいい？

　本書で強調したかったことは、文法があるように発音にも規則がある、ということです。そして発音を聞き取り、通じさせるためにはどの規則を意識し、どの部分に重きを置いて練習すれば時間を無駄にしないで済むのか、ということです。

　これらのことを理解してツボをとらえた上で、実際の英語（音声付きの教材や、映画やドラマでもよいのです）を通して、自分の耳で聞き、声に出して発音してみてください。そうやって自分の発音を、現実に聞こえてくる発音に近づけてみてください。

初級者のための練習法

　聞き取りのための教材といっても、なにも高価なものをセットで買う必要はありません。テレビやラジオの英語講座の中から自分のレベルに合ったものを録画または録音しておき、その中でネイティヴスピーカーが読み上げる本文を何回も聞いて書き取り、テキストを見て答えを確認する、というやり方でも聞き取りの力はつきま

す。インターネット上にも、音声が聞けるサイトがたくさんあります。初級者には *VOA Learning English* のニュースのオンライン版 https://learningenglish.voanews.com/ がおすすめです。ゆっくり目の発音でニュースを聞くことができますし、音声とスクリプトをダウンロードすることもできます。

　分からない単語も、聞こえた通りにカタカナでもなんでもいいですから、とにかく書いてください。これは初級者の方におすすめする方法です。

　手始めに、第3章で説明した「強い単語」だけを書き取って、そこから文全体の意味を推測することをやってみるといいでしょう。次に「弱い単語」もできるだけ書いてみましょう。

　答えを見る前に今一度、文法や文脈から訂正できそうなところがないかを探して、音声以外のヒントを活用するクセをつけることも大切です。

中・上級者のための練習法

　中級者は、すでに日本語のテレビや新聞を通じて内容を知っているニュースの英語版をテレビの音声多重放送で聞くという方法がいいでしょう。また、上で述べたようなネット上のニュースサイトで、中級者向けのものもあります。National Public Radio のニュース番組 *All Things Considered* https://www.npr.org/programs/all-things-considered/?prgId=2 や、PBS の *NewsHour* https://www.pbs.org/news-hour/video が、音声・動画とスクリプトを備えています。

　中身については知っていることですから、そこから推測して英語がかなり分かるはずです。また、中級者から上級者で映画が好きな人は、テレビで放映される映画を録画したものまたは DVD、あるいはネット配信映画を使い、字幕を消してセリフの聞き取りに挑戦、

その後、字幕を見て意味がとれたか確認、という方法をおすすめします。

　通訳者を目指しているような上級者にとっても、ドラマや映画のセリフを使った練習は有効です。聞き取るだけでなく、その場で英語のセリフを日本語で言い換えたり、日本の映画やドラマを見ながら英語に訳してみたりする練習もよいでしょう。

　また、映画を使うのは、留学や転勤の予定のある方にとっても役立つ聞き取りの学習法です。

　日本で手に入る一般的な教材はもっぱらアメリカの標準英語ですが、それ以外の英語が出てくる映画を探すことによって、居ながらにして例えばオーストラリアやニュージーランド、（探せば）英国ウェールズ地方の英語の発音を聞くことができる、というような利点があるからです。

　いずれの場合も大切なのは、聞き取りで間違えた場合に、なぜ間違えたのかを分析することです。どの部分が聞き取れて、どの部分が聞き取れなかったのかを調べるのです。

　正解を見て、単語の一部（つまり、ある音）を聞き違えたのか、それがどんな音だったのか、分析してください。それとも音は聞き取れていたのに単語を知らなかったのでしょうか？聞き取れなかった単語は重要な情報を持つ語でしたか、聞き取らなくてもよい種類の語でしたか？何度もやっているうちに、自分の弱点が見えてくるはずです。

　発音の練習は、なんといっても手本を真似して実際に声に出して言ってみることです。手本は、ナチュラルスピードのものを選び、同じスピードとリズムで言えるまで繰り返しましょう。ただし、そ

れを聞いているのは自分の耳ですから、英語として通じるかどうかの判断はあまりあてになりません。どこかの段階で、可能なかぎり誰かネイティヴスピーカーに聞いてもらい、通じるかどうかを判断してもらう必要があります。

　そして、どのような練習の仕方をしても、数週間くらいでは急にうまくなるという奇跡は起こらないのが、言語の学習の悲しい現実です。何回も場数を踏み、時には恥をかきながら慣れていくしかないのです。

　しかし、理屈抜きでただ慣れようとしても決して効率は上がりません。大人の場合は理屈をふまえた上での経験がものをいいます。

　地図がなくても山の頂上にたどり着くことはできますが、安全な近道をしながら日が暮れないうちに山頂を目指すには、地図や道しるべは必須です。

　同じように、英語の発音も「習うより慣れよ」と放り出されても、勘のいい人はある程度までうまくなるかもしれませんが、本書に書いてあるようなルールを習ってから「慣れる」ほうが、ずっと効果が上がります。

　しっかりと足元を見つめて着実に一段一段上がって行けば、必ず目の前に絶景が広がる感動的な瞬間が随所にあるはずです。

　頑張ってください。
　グッラッ（ク）！

初版あとがき

この本を書いた8人は、いずれも英語を勉強したいと思って大学に入学し、そこで「音声学」(phonetics) という言語の音声面（発音）を扱う学問分野があることを知り、大学院にまで進んでその道に「はまってしまった」者たちです。皆、なんらかのかたちで「発音」に対して子どもの頃から敏感で、「なぜだろう？」と疑問を抱くことが多かったようです。そうしたことが伏線となり、大学で音声学の授業に接して目からウロコの落ちる体験を通じてこの道に入ったのでしょう。

どんな言語にも音声があります。世界を見渡せば文字を持たない言語はたくさんありますが、音声を持たない自然言語はないのです。赤ん坊は生まれてから初めの2年ほどは自らことばを発することはなくとも、周りの大人たちの声に耳を傾けじっと観察しています。そしてようやく話せるようになったときには、舌先をどこにくっつけるかなどと誰から教わったわけでもないのに、口の中の音声器官を周囲の大人たちと同じように操ります。

どんな言語にも文法があるように、発音にも規則があります。ネイティヴスピーカーとは、文法や発音の規則を意識せずに操る人たちのことを言いますが、無意識に発音された音も、いったん口を出ると発音の仕方自体が聞き手にさまざまな印象を与え、話し手についてのたくさんの情報をもたらします。発音とは、そういう繊細で非常に人間的なものなのです。

私たちはこういうことを不思議であると感じ、もっと深く知りたいと思って研究をしています。

　執筆者のうち 30 代以上の 6 人は、東京外国語大学に入学後、英米語学科学生必修の英語音声学の時間、あるいは選択科目であった一般音声学の時間に、竹林滋先生と出会いました。現在カナダの大学で博士課程の学生として研究を進めている者を含む 20 代の 2 人もまた、今なお続いている研究会などで竹林先生に教えを受けています。

　今年喜寿を迎えられる恩師に、不肖の弟子たちで何か英語音声学に関するものを書き、少しでもその学恩に報いたい、という話が 3 年近く前に持ち上がりました。先生には内緒の会合を何回も重ね、どのような本にしたいか、話し合いました。直接会えないときは、メーリングリスト上の 1000 通を超えるメールで意見を交わしてきました。

　執筆者たちに共通した気持ちは、音声学というこれほど面白い学問の存在をたくさんの人に知ってもらいたい、というものでした。と同時に、英語に関してはすでにおびただしい数の解説書が出版されているけれど、とりわけ発音に関するハウツーものの中には思わず首をかしげてしまう内容の本や「習うより慣れよ！」と読者を突き放すものが多いように見受けられましたので、英語発音について科学的な内容を分かりやすく書いてみよう、という方向に話が進んでいきました。私たちの恩師が、学習辞書作りや英語教師の養成という方法で日本の英語教育に大きな貢献をなしているのを見るにつけ、今教育の現場にいる私たちも、自分たちが教わったことをみんなにも知ってもらいたい、と考えるようになり、このような本がやっと完成しました。一人でも多くの読者が「そうだったのか！」と感じてくださり、そして英語発音の面白さを発見してくだされば、嬉

しく思います。

　完成にいたるまでに、天野泰明さんには全体構成を検討する段階から役に立つご意見をいただきました。渡邊末耶子さんは原稿を全部読んでくださり、貴重な御助言をいただきました。設楽優子さんには面倒な記号を中心に、校正をお願いしました。3人とも同じく竹林滋先生の教え子です。また、最初にこの企画にこころよく耳を傾けてくださった元NHK出版語学編集部の小林丈洋さんと、読者の気持ちになってアイディアを出してくださった、NHK出版の三田村美保さんに執筆者一同、感謝いたします。

　ここで一人一人のお名前を記すことはできませんが、多くの方々が原稿を読み、意見・感想を述べてくださいました。心からお礼を申し上げます。

　そして竹林滋先生、ありがとうございました。

2003年七夕

著者一同

英語の子音と母音

　英語で使われる子音と母音を以下にまとめました。具体的な単語の例と、ひとことコメントを付けてあります。また、この本で詳しく紹介したものについては本文のページを示しました。

　★をつけて書いてあるのはその発音記号の呼び名です（特に書いてないものはアルファベットの呼び名と同じです）。ご参考までに。

📖 英語の子音

p	*p*ick, ha*pp*y, ca*p*
b	*b*est, ca*bb*age, jo*b*
t	*t*ea, bu*tt*er, frui*t*
d	*d*ay, la*dd*er, sala*d*
k	*c*ut, po*ck*et, boo*k*
g	*g*o, big*g*er, ba*g*

❖ どれも日本語にある音だが、次の点に注意。

①語末などでは聞き取りにくくなる（→ p. 24）。

②/t/, /d/ は「ラ行」のようになることがある（→ p. 39）。

| f | *f*our, o*ff*er, o*ff* |

❖下唇を上の前歯にあてる（→ p. 83）。

| v | _v_est, co_v_er, fi_v_e |

⊛ /f/ を発音しながら声を出す（→ p. 83）。

| θ | _th_ink, au_th_or, ba_th_ ★ theta（シータ） |

⊛ 舌先を上の歯の裏にあてるか、上下の歯ではさんで出す（→ p. 84）。

| ð | _th_at, wea_th_er, smoo_th_ ★ eth（エズ） |

⊛ /θ/ を発音しながら声を出す（→ p. 84）。

| s | _s_it, re_c_eive, glas_s_ |

⊛ 日本語の（伝統的な）「サ、ス、セ、ソ」の子音（→ p. 85）。

| z | _z_oo, re_s_erve, ha_s_ |

⊛ /s/ を発音しながら声を出して「ズ」。

| ʃ | _sh_eet, imagina_ti_on, fre_sh_ ★ esh（エシュ） |

⊛ 日本語の（伝統的な）「シ」の子音（→ p. 85）。

| ʒ | televi_si_on, mea_s_ure, gara_ge_ ★ yogh（ヨッホ） |

⊛ /ʃ/ を発音しながら声を出して「ジ」。語頭には来ない。

| ʧ | _ch_eck, cul_t_ure, tea_ch_ |

⊛「チ」の子音。

| ʤ | _J_apan, ener_g_y, bri_dge_ |

⊛ /ʧ/ を発音しながら声を出して「ジ」。

| h | *h*ot, *wh*o, be*h*ave |

❧「ハ、ヘ、ホ」の子音。

| m | *m*ap, swi*mm*ing, so*m*e |

❧「マ行」の子音。次に母音が続かないときは「ン」に聞こえる
（→ p. 34）。

| n | *n*o, di*nn*er, o*n*ion |

❧「ナ行」の子音。語末でも舌先を上の歯茎にしっかりつける。
そのため、次に母音で始まる単語が続くと「ナ行」に聞こえる
（→ p. 22）。

| ŋ | spri*ng*, si*ng*er ★ eng（エング） |

❧伝統的な発音で「私が」というときの「が」の子音（いわゆる「鼻
濁音」）。また「よんかい（4回）」というときの「ン」の音。英語
では語頭には来ない。

| l | *l*ight, co*ll*ect, mi*l*k, fu*ll* |

❧舌先を歯茎にしっかりとつける（→ p. 89）。母音の前では「ラ行」
に聞こえるが、それ以外では「ウ」や「オ」に聞こえる（→ p. 35）。

| r | *r*ight, co*rr*ect |

❧舌先がどこにもつかないようにして反り返らせる。母音 /ɚː/ と同
じ舌の構え（→ p. 80, 88）。

| j | | *y*es, *y*ear | ★ yod（ヨッド） |

❖「ヤ、ユ、ヨ」の子音。/iː/ や /ɪ/ の前ではそれよりも舌を持ち上
　げて発音する（→ p. 87, 127）。

| w | | *w*ay, *w*ood |

❖日本語の「ワ」の子音よりも唇を丸める。

📖 英語の母音

| iː | | b*ea*t, *see*, th*e*me「e の長音」|

❖「イー」の音（→ p. 76）。

| ɪ | | b*i*t, m*y*th「i, y の短音」　★ small capital i（小型大文字の i）|

❖「イ」と「エ」の中間の音（→ p. 76）。

| uː | | p*oo*l, t*oo* |

❖唇を丸めて突き出して「ウー」（→ p. 76）。

| ʊ | | b*oo*k, p*u*ll　★ upsilon（ユプシロン）|

❖ /uː/ ほど唇を丸めない。「オ」に聞こえることもある（→ p. 76）。

| juː | | c*u*te, f*ew*「u の長音」|

❖子音 /j/ ＋母音 /uː/ に分解できるが、「長音の u」として１つの母
　音のようにとらえることもできる。

| æ | h*a*t, m*a*p「a の短音」 ★ ash（アッシュ）

❖「エ」と言いながらあごを下げていくとこの音になる（→ p. 78）。

| ɑ | h*o*t, m*o*p「o の短音」 ★ script a（筆記体の a）

❖口を大きく開けて長めに「ア」（→ p. 77）。

| ɑː | f*a*ther

❖ /ɑ/ を伸ばした音だが、現在のアメリカ英語では /ɑ/ と /ɑː/ は区別
しないのがふつう（→ p. 143）。

| ɔː | l*aw*, c*au*ght ★ open o（開いた o）

❖「オー」（→ p. 82）。口を大きく開いて「アー」にかなり近い発音
をする人もいる（→ p. 143）。（ɔ は、o よりも口が開いていること
を示す記号）

| ʌ | h*u*t, c*u*t「u の短音」 ★ turned v（逆さまの v）

❖口をあまり開けずに短く「ア」（→ p. 78）。

| e | p*e*t, h*ea*d「e の短音」

❖「エ」の音。

| ɚː | b*ir*d, t*er*m, h*ur*t, l*ear*n ★ hooked schwa（かぎ付きのシュワー）

❖最初から最後まで舌は反り返したまま（→ p. 81, 134）。

| eɪ | h*a*te, s*ai*l, d*ay*「a の長音」

| aɪ | b*i*te, t*y*pe「i, y の長音」

ɔɪ	*boy, oil*
au	*out, now*
oʊ	*hope, snow, coat*「o の長音」

※発音の途中で音色が変化する「二重母音」（→ p. 14）。/oʊ/ は「オ」と言ってから軽く「ウ」を添える（→ p. 82）。

ɑɚ	*car, heart*
ɔɚ	*court, before*
ɪɚ	*here, ear*
eɚ	*care, pair*
ʊɚ	*poor*

※これらも二重母音。例えば /ɑɚ/ は口を大きく開けて「ア」と言ってから舌を反り返し（→ p. 81）、/ɔɚ/ は「オ」と言ってから舌を反り返す（→ p. 83）。ちなみに、最後の /ʊɚ/ は英語の中で一番頻度の低い母音。

jʊɚ	*cure*
aɪɚ	*fire*
auɚ	*hour*

※ /jʊɚ/ は子音 /j/ + 母音 /ʊɚ/、/aɪɚ/ と /auɚ/ はそれぞれ二重母音 /aɪ/、/au/ + /ɚ/ と分解できるが、独立した母音として扱うこともある。

| ə | Can*a*da, fam*ou*s, car*e*less, c*o*ndition, an*i*mal |
| | ★ schwa（シュワー）（→ p. 57, 126）|

※アクセントのないところに出てくる「あいまいな母音」。力を抜いて発音する。

| ɚ | super, mustard, doctor, surprise |

❖ /ɚ/ は /ɚː/ を弱く短く発音する (→ p. 57, 80, 81, 134)。

| i | city, previous |
| u | actual |

❖アクセントのないところに出てくる母音。軽く「イ」または「ウ」と言えばよい。

《著者紹介》

清水あつ子（しみず・あつこ）

明治大学名誉教授。東京都生まれ。中・高を通じて優れた先生方に恵まれ、英語が大好きになる。東京外国語大学の2年次で受講した竹林先生の音声学の授業がこの道に進むきっかけとなった。同大学院修士課程修了。英語教員志望者対象の英語音声学の授業を40年余り、常に日本語との対照を念頭において行ってきた。著書・訳書：『改訂新版・初級英語音声学』（大修館書店、共著）、『英語音声学・音韻論』（研究社、共訳）等。

斎藤弘子（さいとう・ひろこ）

東京外国語大学大学院教授。東京都生まれ。東京外国語大学およびロンドン大学 (UCL) 大学院修士課程修了。幼稚園から中学卒業までのほとんどを英語圏で過ごす。5歳のとき、purple という語の発音が難しいことに気付き、夜ひとりでこっそり練習した記憶あり。以後外国語、特に発音に興味を抱き、現在に至る。主要著書『改訂新版・初級英語音声学』（大修館書店、共著）、『コンパスローズ英和辞典』（研究社、編者）等。

髙木直之（たかぎ・なおゆき）

東京海洋大学教授。東京都生まれ。東京外国語大学大学院在学中の1987年、ロータリー財団国際親善奨学金を得てアメリカに留学。93年心理学博士 (UC Irvine)。主に日本語話者による英語音声の聴き取りを研究。主論文・著書：

The limits of training Japanese listeners to identify English /r/ and /l/: Eight case studies (JASA 111. 2887-2896)、『英文法航海術』（英潮社）,『海事基礎英語』（海文堂、共著）。

小林篤志（こばやし・あつし）

女子美術大学教授。札幌市生まれ。ことば好きが高じて東京外国語大学に進み音声学の道に入る。同大学院修士課程修了。女子美術大学では専門を生かし、英語リスニング演習、英語発音講座等々の授業を展開するいっぽう、非常勤講師として、神奈川県立外語短期大学で10年あまりにわたり英語音声学の授業を担当した。専門課程における英語音声学の教育の目的・内容・方法についての研究も進めている。

◆

牧野武彦（まきの・たけひこ）

中央大学教授。京都市に生まれ新潟
市に育つ。中学時代に4週間米国で
ホームステイをしたのをきっかけに
英語に傾倒、東京外国語大学に入り
同大学院修士課程修了。途中米国カ
ンザス大学にも留学。著書に『日本
人のための英語音声学レッスン』（大
修館書店）、『文レベルで徹底 英語発
音トレーニング』（研究社）、翻訳に
『音声学概説』（大修館書店、共訳）、
『英語系諸言語』（三省堂、共訳）が
ある。『グランドセンチュリー英和辞
典』（三省堂）編修委員（発音担当）。

◆

内田洋子（うちだ・ようこ）

東京海洋大学教授。静岡県浜松市出
身。ウィスコンシン大学修士課程修
了。東京外国語大学大学院博士課程
修了、博士（学術）。幼児期を米国で
過ごした経験から、言語体験が個人
の音声認識に及ぼす影響が永遠の研
究テーマ。教員や海技士など特定の
目的のための英語発音についても研
究中。主要著書・訳著：『英語教師
のための 音声指導Q＆A』（研究社、
共著）、『実践音声学入門』（大修館書
店、共訳）、『海事基礎英語』（海文堂、
共著）。

◆

杉本淳子（すぎもと・じゅんこ）

聖心女子大学英語文化コミュニケー
ション学科准教授。東京都生まれ。
聖心女子大学卒業。大学の音声学の
授業で「目からウロコ！」の体験を
し、大学院へ。東京外国語大学大学
院およびロンドン大学（UCL）大学
院修士課程修了。東京外国語大学博
士課程単位取得退学。研究テーマは
日本人学習者の英語リズムとイント
ネーションの習得、英語発音の明瞭
度。共著に『英語教師のための 音声
指導Q&A』『やさしい言語学』（研
究社）。

◆

平山真奈美（ひらやま・まなみ）

成蹊大学准教授。（母の郷里である）
鹿児島生まれだが、生後まもなく東
京へ。中学校で英語を習い、日本語
にない音が発音できる感動を覚え
る。東京外国語大学英米語学科へ入
学。音声学をもっと勉強したいと同
大学院修士課程へ。修了後、カナダ
英語と発音のバリエーションへの興
味からトロント大学へ留学。多文化
の街トロントで大いに学び、Ph.D. を
取得したのち帰国。日々周りから学
びながら音声研究に携わっている。

大人の英語発音講座〈新装復刊〉

● 2023 年 3 月 31 日　初版発行 ●

● 著者 ●

清水あつ子　斎藤弘子　髙木直之　小林篤志　牧野武彦　内田洋子

杉本 淳子　平山真奈美

発行者　●　吉田尚志

発行所　●　株式会社　研究社

〒 102-8152　東京都千代田区富士見 2-11-3

電話　営業 03-3288-7777（代）　編集 03-3288-7711（代）

振替　00150-9-26710

https://www.kenkyusha.co.jp/

KENKYUSHA

装丁・本文レイアウト　●　渾天堂

イラスト　●　株式会社イオック／山口晴代

編集協力　●　望月羔子

印刷所　●　図書印刷株式会社

ISBN 978-4-327-44122-7 C1082　Printed in Japan